Francesco Petrarca

Canzoniere

Übersetzt von Karl August Förster

Francesco Petrarca: Canzoniere

Übersetzt von Karl August Förster.

Erstdruck: Venedig 1470.

Neuausgabe mit einer Biographie des Autors
Herausgegeben von Karl-Maria Guth
Berlin 2016

Der Text dieser Ausgabe folgt:
Petrarca, Francesco: Italienische Gedichte. 3 Bände in einem,
übers. v. Carl Förster, Wien: Chr. Fr. Schade, 1827

Die Paginierung obiger Ausgaben wird hier als Marginalie
zeilengenau mitgeführt.

Umschlaggestaltung von Thomas Schultz-Overhage

Gesetzt aus der Minion Pro, 11 pt

Verlag: Henricus - Edition Deutsche Klassik GmbH
Mörchinger Str. 33, 14169 Berlin, info@henricus-verlag.de
Druck: Libri Plureos GmbH, Friedensallee 273, 22763 Hamburg

Die Ausgaben der Sammlung Hofenberg basieren auf zuverlässigen
Textgrundlagen. Die Seitenkonkordanz zu anerkannten
Studienausgaben machen Hofenbergtexte auch in
wissenschaftlichem Zusammenhang zitierfähig.

ISBN 978-3-8430-8447-5

Bibliografische Information der Deutschen Nationalbibliothek

Die Deutsche Nationalbibliothek verzeichnet diese Publikation in
der Deutschen Nationalbibliografie; detaillierte bibliografische
Daten sind im Internet über www.dnb.de abrufbar.

Des Dichters Vorwort an die Leser

Die ihr, wie sie durch meine Reime weben,
Den Seufzern lauscht, womit mein Herz ich nährte,
Als mich der Jugend erster Wahn bethörte,
Als anders war, als jetzt, zum Theil mein Leben, –

Wechselndem Styl, dem weinend ich ergeben,
Seit eitles Hoffen mich und Weh verzehrte,
Wird, wo Erfahrung Liebe kennen lehrte,
Mitleid, hoff' ich, zu Theil, nicht bloß Vergeben.

Wohl seh' ich nun, wie ich in Aller Munde
Das Mährlein lange war, und solch Bekenntniß
Macht, daß beschämt ich drob in mir erglühe;

Und meiner Thorheit einz'ge Frucht zur Stunde
Ist Scham und Reu' und deutliche Erkenntniß,
Daß Weltlust wie ein kurzer Traum entfliehe.

12

I

In meines ersten Alters süßen Tagen,
Die jene wilde Gier im Keim noch sahen,
So mir zum Weh sich fort und fort entfaltet,
Als Amor es verschmähte, mir zu nahen,
Wie da ich lebt' ein Freyer, will ich sagen,
Weil Schmerzens Gluth im Singen oft erkaltet;
Erzählen dann, wie zornig sich gestaltet
Sein Wesen drob und was daraus entsprungen,
Wodurch ich ward ein Beyspiel vielen Leuten;
Obwohl zu andern Zeiten
Ich meine bittre Schmach so viel besungen,
Daß tausend Federn ich schon stumpf geklaget
Und rings durch Thäler meine Seufzer tönen,
Die meines Lebens Ungemach erzählen. –
Und läßt mich treulos mein Gedächtniß fehlen,
Mir sonst so treu, mag euch mein Schmerz versöhnen
Und ein Gedanke, der mich so bethöret,
Daß jeder andre ihm den Rücken kehret,
Der so gewaltsam mich mir selbst genommen,
Daß Rind' ich nur, er meinen Kern bekommen.

Seit jenem Tag', als mich zuerst die Liebe
Bekrieget, waren viel der Jahr' entflogen;
Schon war der Jugend Blüthenzeit vergangen;
Ein starrer Frost war mir an's Herz gezogen;
Den Eingang sperrend jedem wilden Triebe
Hielt er's mit einer Demantrind' umfangen,
Noch badeten nicht Thränen mir die Wangen
Und raubten mir den Schlaf; der Andern Streben,
Mir unbekannt, mußt' ich als Wunder deuten.
Weh mir! so war's vor Zeiten!
Der Abend lobt den Tag, der Tod das Leben.
Denn, als er, den ich meyne, wahrgenommen
Wie bis dahin durch des Gewandes Mitten
Kein Pfeil gedrungen war zu meinem Leibe,

Verband er sich mit einem mächt'gen Weibe,
Vor der Verstand und Stärk' und reuig Bitten
So jetzt, als ehe, nimmer aufgekommen.
Durch beyde ward mein Wesen mir genommen:
Sonst Mensch, ward ich ein Lorbeer, grün belaubet,
Dem seine Blätter auch der Frost nicht raubet.

Wie ward mir da, als ich zuerst erkannte,
Wie so mein Wesen allzumahl geschwunden,
Als ich die Locken werden sah zu Zweigen,
Die ich im Geist zum Kranz mir schon gewunden,
Den Fuß, auf dem ich stand und ging und rannte,
(Weil nach dem Herzen sich die Glieder neigen,)
Als Wurzel sah zu Fluthen niedersteigen,
Nicht des Peneus, zu weit stolzern Wogen,
Und als zwey Aeste sich die Arme strecken.
Bald, zu nicht minderm Schrecken,
Sah ich mit weißen Federn mich umzogen,
Als meine Hoffnung, wie vom Blitz geschlagen,
Erstarb, weil allzuhoch sie sich geschwungen.
Denn ich, unwissend, wo und wann sie wieder
Zu finden, wankte weinend auf und nieder,
Bey Tag und Nacht, wo sie mir ward entrungen,
Um sie im Strom', am Ufer zu erfragen.
Da ließ nie ab die Zunge, zu beklagen
So lang' sie konnte, was sie ach! verloren.
Drum ward mir Schwanes Farb' und Stimm' erkoren.

So hab' ich längs dem theuren Strand gesungen,
Und wollt' ich reden, sang ich dennoch immer,
Erflehend Gnade mir mit fremdem Munde;
Doch in so holden Lauten tönte nimmer,
Daß sie das rauhe wilde Herz bezwungen,
Der heißen Liebe schmerzensvolle Kunde.
Noch brennt bey dem Gedanken mir die Wunde!
Jedoch viel mehr bey dem noch, was des Weitern
Von meiner Feindinn bitter-süßem Walten
Ich ferner muß entfalten,

16

Wiewohl der Rede Künst' all' daran scheitern. –
Sie, der beym ersten Blick die Herzen dienen,
Mir aus verschloßner Brust das Herz entwandte,
Gebiethend mir, davon kein Wort zu sagen.
Drauf kehrte sie so anders im Betragen,
Daß ich – o Menschensinn! – sie nicht erkannte,
Bis ich ihr Wahrheit both mit scheuen Mienen.
Und zornig da, wie sonst sie mir erschienen,
Kehrt schnell sie um, und wandelt – weh mir Armen! –
Zu Steine mich, den kaum noch Lebenswarmen.

So finstern Blicks erhob sie drauf die Rede,
Daß ich erzitterte in meinem Steine:
»Nicht bin ich, was dir lügen deine Sinnen!«
Drauf ich zu mir: »Befrey'te mich die Eine,
Wär' mir kein Leben traurig mehr und öde;
O Herr, laß wieder meine Thränen rinnen!« –
Wie, weiß ich nicht – genug ich ging von hinnen,
Mich nur, sonst Niemand weiter anzuklagen;
Den halben Tag rang mit dem Tod mein Leben.
Was weiter sich begeben,
Kann nimmer Alles meine Feder sagen;
Drum will ich vieles Andere verschweigen,
So mir im Herzen lebt, und wenig künden,
Was Jeglichem Bewund'rung abgezwungen.
Mir hatte sich der Tod um's Herz geschlungen,
Nicht konnt' ich's schweigend seiner Hand entwinden,
Noch Beystand der bedrängten Tugend reichen,
Verbothen war mir lauten Wortes Zeichen;
Drum mit Papier und Tint' hab' ich geschrieen:
»Nicht bin ich mein! sterb' ich, habt ihr die Mühen!«

So glaubt' ich, ihre Huld mir zu bewahren,
Und mich Unwürd'gen Lohnes werth zu machen,
Und in der Hoffnung hatt' ich Muth gefunden;
Doch Demuth pfleget Zorn bald anzufachen,
Bald löscht sie ihn. Das Erst' hab' ich erfahren
Darauf in jenen langen finstern Stunden,

17

Als mir mein Licht bey meinem Flehn entschwunden. –
Da ihren Schatten nicht, noch Fußes Spuren
Ich rings erspähte, sank, dem zu vergleichen,
Den Träum' am Weg' beschleichen,
Entkräftet eines Tag's ich auf die Fluren,
Und, klagend ob des flücht'gen Strahles Schnelle,
Begann der Thränen Zügel ich zu lösen,
Und ließ sie fallen, wie es ihnen däuchte;
Und nimmer so im Sonnenstrahl erweichte
Der Schnee, wie da zerrann mein ganzes Wesen.
An einer Buche Fuß ward ich zur Quelle,
Und lange hielt befeuchtet ich die Stelle.
Wer sah aus Menschen Quellen je entspringen?
Ich aber rede von bekannten Dingen.

Die Seele, die nur Gott so reich erhöhet,
(Denn solche Anmuth kann kein Andrer leihen)
Dem Schöpfer huldigt jeder ihrer Schritte;
Drum wird sie niemahls satt, dem zu verzeihen,
Der, Reu' in Herz und Mienen, zu ihr flehet,
Daß nach der Sünd' er ihre Gnad' erbitte.
Wenn aber länger gegen ihre Sitte
Sie flehen läßt, und streng' in's Aug' ihm blicket:
Thut sie's, weil sie der Sünde Fortgang scheuet;
Denn ernstlich nicht bereuet
Ein Uebel, wer zu anderm an sich schicket.
Und als nun voll Erbarmen mich die Reine
In's Auge faßt' und meines Jammers Weise
Im Gleichgewicht ersah mit meinen Sünden,
Ließ hold mein Wesen sie mich wiederfinden.
Doch keinem Dinge traue ganz der Weise;
Als ich von neuem bath, schuf mein Gebeine
Und meine Nerven sie zum Kieselsteine.
Von alter Last war Stimme nur geblieben,
Die Tod und nur den Nahmen rief der Lieben.

Ein finstrer Geist zog irr ich hin und wieder,
Und fand' durch öde Kluft und Felsenwände

Viel Jahre lang mein ungezähmt Verlangen;
Doch endlich fand ich meines Leidens Ende,
Und kehrte heim in die verlaßnen Glieder,
Drin größre Schmerzen, glaub' ich, zu empfangen.
Und so bin meiner Lust ich nachgegangen,
Daß, als ich einst nach meiner Weise jagte,
Das schöne, scheue Wild ich nackend sahe
In einem Quell ganz nahe,
Als glühend über mir die Sonne tagte.
Und weil an nichts so gern mein Blick sich weidet,
Stand ich und sah verschämt ihr Auge sinken,
Und, sich zu rächen oder sich zu schützen,
In's Antlitz ihre Hand mir Wasser spritzen.
Wahr ist es – mag es Lüg' auch andern dünken –
Ich fühlte mich vom eignen Leib' entkleidet,
Und ward ein Hirsch, der von der Welt sich scheidet,
Irrend, unstet von Wald zu Wald zu ziehen,
Und muß noch jetzt vor'm Schwarm der Hunde fliehen.

Canzone, nicht der Wolke glich mein Walten,
Die golden einst herabsank durch die Lüfte,
Und Jovis Feuerglanz zum Theil gelindet;
Doch Flamme war ich, die ein Blick entzündet,
Ein Aar mit ihr ich durch den Aether schiffte,
Zu deren Preis sich meine Wort' entfalten,
Und ließ bey allem Wechsel der Gestalten
Den Lorbeer nicht, deß freundlich-süße Schatten
Mich jeder kleinern Lust entfremdet hatten.

II

Himmelerkorne Seele du, o werthe
Und selige, die du im Kleid der Erden
Leicht wandelst, nicht wie Andre schwer beladen,
Daß minder hart der Weg dir müsse werden, –
Du gottgeliebte Magd und treubewährte, –
Wo es von hinnen geht zum Reich der Gnaden!

20 Dein Nachen, sieh', der auf der Rettung Pfaden
Der blinden Welt bereits den Rücken wandte,
Bessern Port zu erlangen,
Hat süßen Trost westlichen Winds empfangen,
Der mitten durch des Thales dunkle Lande,
Wo wir ob eignem Wahn und fremden bangen,
Auf dem geradesten der Pfad' ihn sendet,
Ledig der alten Bande,
Zum wahren Osten, dem er zugewendet.

Der brünstigen Gebethe Liebespenden,
Die frommen Thränen Sterblicher hienieden,
Sind sie gelangt auch vor die höchste Gnade,
War ihnen doch nicht Kraft genug beschieden,
Die ewige Gerechtigkeit zu wenden
Durch ihr Verdienst allein von ihrem Pfade;
Doch Er, der droben waltet voller Gnade,
Zur Stätte, da er ward an's Kreuz geschlagen,
In Huld den Blick er senket.
Drob sich das Herz dem neuen Carlo lenket
Endlich zur Rach', an deren lang Vertagen
Viel Jahre noch Europa seufzend denket.
Für seine Braut nun zieht er aus, die Traute,
Daß Babel trauern, zagen
Muß bey des bloßen Rufes ernstem Laute.

Die zwischen dem *Gebirg'* und der *Garonne*,
Die zwischen *Rhein* und *Rhon'* und *salz'gem Meere*
Folgen den allerchristlichsten Panieren;
Und all', so zugethan der wahren Ehre,
Von *Pyrenä'n* zum *Niedergang der Sonne*,
Aus *Aragon* und *Spanien* sich verlieren;
21 *England* auch und die *Inseln* all' sich rühren
Im Meer zwischen den *Säulen* und dem *Wagen*;
Endlich auch die, so hören
Des heil'gen *Helikon* erhab'ne Lehren,
Verschieden all' an Waffen, Tracht und Sprachen,
Treibt fromme Liebe zu dem Kampf der Ehren. –

Wo gab's so würd'ge Liebe je zu schauen?
Und nimmer ward getragen
Gerechtrer Zorn um Söhne so als Frauen?

Es ist ein Theil der Welt, wo festgefroren
So Schnee als Eis zu allen Zeiten thronet,
Fernab weit von der Sonne Bahn gelegen;
Da unter neblig kurzen Tagen wohnet,
Zu Streiteslust von der Natur erkoren,
Ein Volk, das froh dem Tode sieht entgegen.
Wenn dies mit Deutschem Wüthen sich den Degen
Umgürtet, frömmer, als es sonst gepflogen,
Wirst du den Unwerth schauen
Der *Türken, Araber* und die die Auen
Diesseits der See mit blutigrothen Wogen
Bewohnen und auf fremde Götter bauen;
Ein nackt, elendes Volk, furchtsam, verdrossen,
So nie ein Schwert gezogen,
Die Winde nur bekämpft mit den Geschossen.

Drum ist es Zeit, den Nacken zu entziehen
Dem alten Joch, den Schleyer zu zerreißen,
Der unser Aug' in Banden lang gehalten!
Es muß dein Geist, den, hold sich zu erweisen,
Der Himmel durch Apollo dir verliehen,
Und dein beredter Mund sein mächtig Walten
In Wort und vielgepries'ner Schrift entfalten.
Können Amphions, Orpheus Zaubertöne
Kein Staunen dir entringen,
So minder, wenn bey deiner Red' Erklingen
Italia erwacht und ihre Söhne,
Daß sie für Jesus kühn die Lanze schwingen.
Denn will die alte Mutter Wahrheit wissen,
Nie hat so freundlich-schöne
Veranlassung sie in den Kampf gerissen.

Du, der du hast, nach werthem Reichthum langend,
So alt' als neue Bücher durchgespüret,

22

Mit ird'schem Leib' zum Himmel dich geschwungen,
Du weißt es, wie, seit Mavors Sohn regieret,
Bis zu Augustus, der im Lorbeer prangend
Dreymahligen Triumphzug sich errungen,
Rom Andern oft mit seinem Blut erzwungen
Freundlich des fremden Uebermuths Beseit'gung.
Wär's minder nun zu loben,
Wenn es, wo freundlich nicht, doch fromm erhoben
Das Rachschwert gegen sündliche Beleid'gung
Mit dem glorreichen Sohn Mariens droben?
Was hoffen denn die Scharen noch der Feinde
Von menschlicher Vertheid'gung,
Wenn Christus steht in Mitten seiner Freunde!

Denk' an des Xerxes tollverwegen Handeln,
Der, unsre Küsten feindlich zu erwerben,
Mit neuen Brücken Schmach dem Meer bereitet;
Und sehen wirst du ob der Gatten Sterben
Die Perserfrau'n in schwarzem Kleid umwandeln,
Blutig das Meer von Salamis gebreitet.
Und nicht allein solch' schmählich Schicksal deutet
Wie dort des Ostens armes Volk erfahren,
Auf nahe Siegesklänge;
Auch Marathon und jene blut'ge Enge,
Die Sparta's Leu verfocht mit kleinen Scharen,
Und Anderes, so du gehört, in Menge,
Drum mußt vor Gott du Herz und Kniee beugen,
Daß er in deinen Jahren
So Herrliches dir gnädig wollt' erzeigen.

Du wirst Italien und ein ruhmvoll Ufer,
Canzone, sehn, das meinem Blick verdecket
Der Strom nicht, noch das Meer, noch Bergeshöhen,
Nur Amor, der mit seiner Strahlen Wehen,
Je mehr er zündet, mehr der Sehnsucht wecket;
Denn gegen Neigung kann Natur nicht stehen.
Nun eil', eh' die Genossen dir entschwinden!

Amor, der Thränen wecket
Und Freude, wohnet nicht bloß unter Binden.

III

Ob grün, roth, pfirschblüthfarben her sie schreite,
Sie muß vor Allen ragen;
Nicht ist, der goldnes Haar, kunstreich verschlungen,
Wie ihr sich reihe, Die mein Herz befangen,
Die dergestalt mich von der Freyheit Höhen
Hinweg will heben, Daß mir nimmer eigen
Ein Joch, so leichter fiele.

Und wie der Geist sich rüste und bereite,
Von Rath entblößt zu klagen,
Wenn Schmerzen ihn mit Zweifeln bang durchdrungen;
Des Auges Weihe Zähmet sein Verlangen,
Daß jedes Wahnsinns Entwurf muß verwehen,
Und Zornes Weben Alsobald sich neigen
Vor süßer Augen Spiele.

Wie viel durch Amor ich ertrug bis heute,
Wie viel ich noch zu tragen,
Bis sie das Herz mir heilt, die es bezwungen,
Die stolze Feie, So es hält gefangen; –
Kömmt Rache doch, schließt dem demüth'gen Flehen
Nicht Widerstreben Oder stolz Bezeigen
Den Pfad kurz vor dem Ziele.

Doch Tag' und Stunde, wo mein Aug' erfreute
Des ihren lieblich Tagen,
Das mich von da, wo Amor wohnt, verdrungen,
Erschuf das neue, Wehevolle Bangen;
Und sie, nach welcher liebend Alle spähen,
Nur die nicht beben, So dem Steine gleichen
In starrem Herzgefühle.

Die Thräne, – wie sie auch dem Aug' entgleite,
Ob Wunden, die geschlagen
In's Herz des ersten Blickes Huldigungen,
Treibt nicht der Reue Gluth mir in die Wangen.
Und der Gerechte wird mir zugestehen:
Ihr seufzt mein Leben, Billig muß sich's zeigen,
Daß sie die Wunde kühle.

Ich liege ewig mit mir selbst im Streite:
Mit theurem Schwert erschlagen
Fiel eine schon, von gleichem Schmerz bezwungen.
Auch will ich Freye Nicht von ihr empfangen;
Denn gräder mag kein Weg zum Himmel gehen,
Und Niemand streben Nach der Sel'gen Reichen
Auf dauerhafterm Kiele.

Heil Stern', euch, die als die beglückte Seite
Die schöne Frucht getragen,
Sie als Genossen liebevoll umrungen,
Die unserm Maye Himmlisch aufgegangen,
Ein Stern; wo grün wie Lorbeer stets zu sehen
Der Tugend Leben, Wo nicht Blitze steigen,
Noch bösen Windes Schwüle.

Wohl weiß ich, daß, wie einer sich bereite
Ihr Lob im Lied zu sagen,
Es doch der besten Hand nie wär' gelungen.
Wer mag in Treue Merken, all' umfangen
Die Güt' und Schönheit, wer sie je gesehen
In Augen weben, Aller Tugend Zeichen,
Schlüssel meiner Gefühle?

Das Leben Hat kein Pfand Amor'n zu reichen,
So mehr, als Ihr, o Donna, ihm gefiele!

IV

Es hält sich ach! mein jammervolles Leben
An also schwachen Faden,
Daß, hilft mir nicht in Gnaden
Ein Andrer, bald es seinen Lauf vollendet.
Denn seit ich mich mit schwerer Schuld beladen,
Von ihr hinwegbegeben,
Ihr, meinem süßen Leben,
Hat *eine* Hoffnung nur mir Trost gespendet,
Sprechend: »Dir ward entwendet
Der Schein geliebter Wangen;
Doch, Armer, laß dein Bangen!
Was weißt du, ob nicht einst sich beßre Zeiten
Und schön're dir bereiten,
Ob dann nicht wiederkehrt, was jetzt vergangen?« –
Die Hoffnung hat mich kurze Zeit erhalten;
Jetzt nimmt sie ab und will mit mir veralten.

Es geht die Zeit dahin, und nach wie ehe
Fliehen so schnell die Stunden,
Daß ich nicht Zeit gefunden,
Nur zu bedenken, wie zum Tod' ich eile.
Kaum hat in Osten sich ein Strahl entzunden,
Als ich gelangt ihn sehe
Zur gegenseit'gen Höhe
Auf langen Pfades vielgekrümmter Zeile.
Kurz ist des Lebens Weile,
Und also schnell erkaltet
Des Erdners Leib und altet,
Daß, seh' ich, wie von ihres Auges Frieden
Ich also weit geschieden,
Und wie sich matt der Sehnsucht Schwing' entfaltet,
Ich des gewohnten Trostes viel entbehre,
Unwissend, ob noch lang dies Leben währe.

Wo mir nicht leuchtet ihres Auges Minne,
Muß ich in Schmerz erkranken;
Zu freundlichen Gedanken
War es durch Gott der Schlüssel mir. Drum stehen
Zu härt'rer Pein mir der Verbannung Schranken.
Und was ich auch beginne,
Nichts Anderes ich sinne;
Und nichts gefällt, was ich nach ihm gesehen.
Wohl hinter Meer und Seen
Und dunkler Berge Schwärze
Verschwand des Auges Kerze,
Wie heitre Mittagsbläue mir zu schauen
In meiner Nächte Grauen,
Daß um so mehr mich die Erinn'rung schmerze.
Wie da mein Leben war so voll der Freuden,
Lehrt mich das gegenwärt'ge bange Leiden.

Weh! wenn sich jenes glühende Verlangen
Durch Reden neu entbindet,
So damahls sich entzündet,
Als ich dahinten ließ das beste Meine;
Und wenn durch lang Vergessen Liebe schwindet, –
Was konnte mich bethören,
Klagend mein Leid zu mehren?
Warum verstumm' ich nicht zu todtem Steine?
Wohl zeigt Krystalles Reine
Und Glas von außen nimmer
Verborgner Farbe Flimmer,
Wie hell und wahr der zagen Seele Qualen
Im Auge mir erstrahlen,
Und hoher, herzensinn'ger Liebe Schimmer,
Im Auge, das, begierig stets nach Thränen,
Befriedigung nur suchet seinem Sehnen.

Wohl manchem – seltsam! – mag es Lust gewähren,
Wie häufig sich erwiesen,
Das sorgsam zu erkiesen,
Was Seufzer sammelt in gedrängtem Schwarme.

So freut's auch mich, wenn meine Thränen fließen
Und drängt mich, zu begehren,
Daß schwanger sey von Zähren
Mein Auge stets, so wie mein Herz von Harme
Und weil ich leicht erwarme,
So ich der Augen Helle
Gedenk', und nichts so schnelle
Mich rühret und ergreift in meinem Wesen,
So kann ich nur genesen,
Wo reichlicher mir strömt des Leidens Quelle.
Drum ist so Aug' als Herzen Weh bereitet,
Weil auf der Liebe Pfad sie mich geleitet.

Die goldnen Flechten, die mit lichtem Prangen
Der Sonne Neid erregen;
Des Blickes milder Segen,
In dem so warm der Liebe Strahlen glühen,
Die vor der Zeit zu sterben mich bewegen;
Die Wort' in Geist empfangen,
Wie nirgend sie erklangen,
Die mir sich einst so liebevoll geliehen, –
Sie sind dahin! Verziehen
Wär' jedes andre Wehe,
So lang' ich treu mir sähe
Des Engelgrußes Mild' und unbenommen,
Mit dem mir stets gekommen
Ein heißes Sehnen nach der Tugend Höhe,
So daß ich nimmer was zu hören denke,
Was Andres mir in's Herz als Jammer senke.

Und daß ich klagend mehr der Lust enthülle –
Die Hände zart gestaltet,
Der Arme Zier entfaltet,
Ihr Wesen voll von holdem Selbstvertrauen,
Den Zorn, in dem so Stolz als Demuth waltet,
Des Busens Jugendfülle,
Erhab'ner Einsicht Hülle,
Verbergen diese Alpen mir, die rauhen.

Wer weiß, werd' ich sie schauen,
Bevor zur Grub' ich fahre.
Zwar wuchs seit manchem Jahre
Die Hoffnung; doch zu schwach, um fest zu stehen
Zeigt sie im Untergehen,
Daß, die der Himmel ehrt, ich nie gewahre,
Wo Ehrbarkeit so wohnt, als holde Sitte,
Und wo von Gott ich Wohnung mir erbitte.

Canzone, siehst Madonna
Du an dem Ort, dem süßen,
Meynst du vielleicht, zum Grüßen
Biethe sie dir die schöne Hand in Eile,
Von der so fern ich weile.
Doch nimm sie nicht; demüthig ihr zu Füßen
Sag', daß mit nächstem ich bey ihr erscheine,
Sey es ein Geist, sey's Mensch von Fleisch und Beine.

V

Zur Zeit, wann schnell der Himmel niedergleitet
Gen Westen, und der Tag zu Menschen fliehet,
Die dort vielleicht erwarten seine Helle, –
Wenn da in fernem Land' allein sich siehet
Ein altes pilgernd Mütterchen, so schreitet
Behend sie vorwärts mit zwiefacher Schnelle,
Und dann gelangt zur Stelle,
An ihrer Tagfahrt Ende,
Wird ihr des Trostes Spende
In kurzer Ruhe, wo so Fahr als Mühen
Des langen Wegs ihr aus dem Sinn entfliehen.
Mir aber, weh! – Des Tages herbe Qualen,
Sie wachsen nur, entziehen
Sich mir des ew'gen Lichtes goldne Strahlen.

Wann niederwärts der Sonne Räder kreisen
Die flammenden, um Platz der Nacht zu schaffen,

Und größre Schatten von den Bergen wallen,
Erhebt der karge Pflüger seine Waffen,
Im Zwiegespräch, bey ländlich rauhen Weisen
Fühlt jede Last er von dem Herzen fallen,
Und dünkt sich reich vor Allen
Bey karggefüllter Schale,
Gleich jenem Eichelmahle,
Das keiner mag und alle hoch erheben.
Es freue sich, wem Freude ward gegeben!
Nur kann ich keine frohe Stund' ersiegen,
Ja keine still durchleben,
Nicht durch des Himmels noch der Sterne Fügen.

Der Hirt auch, wann sie sinkt, die Strahlenhelle
Des großen Sterns zu ihrem Ruhebette
Und fern in Ost der Dämm'rung Schleyer hängen,
Macht er sich mit dem Stab' auf von der Stätte,
Indem er Gras und Buchen läßt und Quellen,
Treibt seine Heerd' er aus des Thales Engen.
Fern von der Menschen Drängen
In Hüttchen oder Klüften,
In grünen Laubes Düften
Dehnt er sich dann und schlummert ohne Thränen. –
Du, böser Amor, lehrst mich andres Sehnen,
Dem Wilde nachzuspähn, das mich vernichtet,
Dem Tritt, der Spur, den Tönen,
Und bindest's nicht, wann es sich birgt und flüchtet.

Piloten auch, die sichre Bucht begrüßten,
Ausstrecken sie am Abend ihre Glieder,
Auf rauhen Matten süßen Schlaf zu finden;
Mir aber, ach! – wohl taucht sie tiefer nieder
In's Meer, bis hinter ihr Hispania's Küsten,
Marokko, Granada, die Säulen schwinden:
Die Menschen all' verwinden,
Das Thier so als die Erde,
Wohl jegliche Beschwerde; –
Mir aber ward ein dauernd Leid bescheeret,

Das – weinend seh' ich's – jeder Tag vermehret,
Seit wachsend mich wohl bald im zehnten Jahre
Der Sehnsucht Gram verzehret,
Und ich nicht weiß, wer mich davor bewahre.

Und – weil durch Red' Erleicht'rung mir gekommen –
Ich seh' die led'gen Stier' am Abend kehren
Vom Felde heim und umgepflügten Lehnen;
Warum kann *ich* des Leids mich nicht erwehren?
Warum wird *mir* das Joch nicht abgenommen?
Warum schwimmt Tag und Nacht mein Aug' in Thränen?
Was mocht' ich Armer wähnen,
Als ich zuerst so nahe
In's schöne Antlitz sahe,
Um es im Geiste theilwis zu gestalten,
Aus dem es nicht durch List noch durch Gewalten
Gerissen wird, bis Er, der alles störet,
Zur Beute mich erhalten.
Und weiß ich, was alsdann mir widerfähret?

Canzone, hat mein Wesen
Der Tag, da du verweilet
Bey mir, dir mitgetheilet,
Wirst du dich nicht an jedem Orte zeigen,
Noch lüstern dich nach fremdem Lobe neigen;
Genug, singst du von Berg zu Bergesspitze,
Wie mich des lebensreichen
Gesteines Gluth verzehrt, so meine Stütze.

VI

Du edler Geist, der du den Leib regierest,
Wo während seiner Pilgerschaft verweilet,
Ein tapfrer Herr, erfahren, klug und weise,
Nun dir der ehrenvolle Stab ertheilet,
Mit dem du Rom und seine Irren führest
Und sie zurückrufst zu dem alten Gleise,

Red' ich zu dir, weil rings umher im Kreise
Der Tugend Strahlen all' ich seh' verschwunden,
Und Keinen, der vor böser That erbebe.
Nicht weiß ich, was Italien erstrebe,
Das nicht zu kennen scheinet seine Wunden,
Alt, träg und laß. Gebunden
Vom Schlaf, wird es sich jemahls wecken lassen?
O könnt' ich seine Locken nur erfassen! –

Ich hoffe nicht, daß jemahls aus dem trägen
Schlummer es sich ermuntert werd' erheben,
So große Lasten sind's, die auf ihm liegen.
Doch nun ist deinen Händen übergeben,   33
Die kräftig aufzurütteln es vermögen,
Rom, unser Haupt, nicht ohne höh'res Fügen.
Laß deine Hand mit Sicherheit sich wiegen
Auf seinem Haar und den zerstreuten Flechten,
Daß aus dem Schlamm gemach die Faul' erstehe.
Auf dich vertrau' ich ganz, der ich ihr Wehe
Den Tagen jammernd künde und den Nächten.
Wenn Römer je gedächten,
Nach eignem Ruhm die Augen aufzuschlagen,
Gebührt solch Heil, dünkt mir, nur deinen Tagen.

Die alten Mauern, welche scheut und liebet
Die Welt, wenn sie der Zeiten, so verflossen,
Gedenkt und dessen, was hinabgegangen;
Die Stein' auch, so die Glieder einst umschlossen
Von solchen, die, so lange nicht zerstiebet
Der Weltenbau, in lichtem Ruhme prangen,
Und alles das, was *ein* Ruin umfangen,
Hofft bald durch dich zu heilen jede Wunde.
O, treuer Brutus, große Scipionen,
Wie muß, wann sie euch kommt, mit Lust euch lohnen
Vom wohlvertrauten Amt die schöne Kunde!
Dann wird mit frohem Munde
Fabricius auch, die große Mähr zu preisen
Rufen: »Nun wird mein Rom recht schön erst heißen!«

Und, wenn der Himmel kennt der Erde Sorgen,
Die Seelen, die als Bürger droben stehen
Und ihre Leiber abgestreift hienieden,
Dich um des langen Haders Ende flehen,
Bey dem die Völker nimmermehr geborgen;
Drum werden ihre Tempel so gemieden,
Die, einst geweiht der frommen Andacht Frieden,
Nun Höhlen sind, wo Räuber finster schreiten,
Die jedem Besseren den Eingang wehren,
Und zwischen nackten Bildern und Altären
Des finstern Aufruhrs grauses Werk bereiten.
Weh, wie so andre Zeiten!
Beym Ton der Glock' erhebt sich Kampfes Toben,
Die hoch einst aufgehangen, Gott zu loben.

Jammernde Frauen, all' die Unwehrbaren
Von zartem Alter, nebst den müden Greisen,
So Lebens Langweil' und sich selber hassen,
Die schwarzen Brüder, wie die grau und weißen,
Und all die schwachen, mühevollen Scharen
Rufen: »O Herr, hilf, woll' uns nicht verlassen!«
Und dort die Armen, Zagen, Todesblassen,
Zu Tausenden der Wunder sie enthüllen,
Die einen Hannibal selbst müßten schmerzen.
Liegt dir nun Gottes brennend Haus am Herzen,
Lösch' wenig Funken nur mit treuem Willen,
Und plötzlich wirst du stillen
Die wilde Gier, die Flammen werden weichen,
Dein Lob erschallen in des Himmels Reichen.

Die Bären, Adler, Schlangen, Wölf' und Leuen
Sind einer großen Marmorsäul' zur Plage,
Wodurch sie selber Schmach und Weh sich bringen.
Drob führet jene werthe Herrinn Klage,
So dich berufen hat, sie zu befreyen
Von blüthelosen, bösen Pflanzenschlingen.
Wohl mehr als tausend Jahre schon vergingen,
Seit ihr die Bessern fehlten, hold und gütig,

Die sie erhoben, wo sie noch zu sehen.
Ein neu Geschlecht ach! seh' ich stolz sich blähen
Gegen der Mutter Haupt unehrerbiethig.
Vater, Gemahl! Einmüthig
Erwarten Hülfe All' von deiner Stärke!
Der größre Vater denkt auf andre Werke.

Selten geschah es, daß mit hohem Mühen
Das ungerechte Schicksal sich vertragen,
Das kühnem Handel ungern sich gesellet.
Nun da die Bahn dir seine Arme brachen,
Sey vieles andre Unrecht ihm verziehen,
Da mindest hier es mit sich selbst zerfället;
Dieweil kein Sterblicher so hoch gestellet,
Wie du, seit Menschendenken, aufzudringen
Auf offnem Pfad zu Ruhmes ew'gem Leben.
Die schönste Monarchie kannst du erheben,
Ein herrlich Tagwerk, seh' ich recht, vollbringen.
Wie rühmlich wird's dann klingen:
»Die Andern halfen ihr, der *starken, jungen;*
Der hat im *Alter* sie dem Tod entrungen!«

Im Capitol such' einen Herrn, Canzone,
Den ganz Italien ehrt aus einem Munde,
Der mehr an Andr', als an sich selber denket;
Sprich: »Einer, dem noch nimmer ward geschenket
Dein Anblick, wie wer liebt nach bloßer Kunde,
Sagt, daß zu jeder Stunde
Mit Augen, die in Schmerz gebadet stehen,
Um Huld dich Roma's sieben Hügel flehen.«

VII

Weh mir, der ich nicht weiß, wohin sich wenden,
Die Hoffnung soll, die oft mich schon bethöret!
Denn, wenn nicht ist, der mich in Mitleid höret,
Warum des Flehns so viel gen Himmel senden?

Doch trüg' sich's zu, daß mir vergönnt, zu enden,
Vor meinem letzten Tage
Diese armsel'ge Klage,
So möge mir mein Herr Verzeihung spenden,
Sprech' ich bey Gras und Blüthen mitten inne:
»Wohl recht und fein ist Sang von süßer Minne!«

Ja recht ist, daß zuweilen sich mein Schweigen
Auflös' in Sang, da ich so lang gestöhnet,
Und nimmer früh genug mein Lied ertönet,
Um solches Weh durch Scherzen auszugleichen.
Könnt' ihrem Aug' ich nur, dem Unschuldreichen,
Durch süßer Rede Minnen
Erheiterung gewinnen,
O! Keiner sollt' an Glück sich mir vergleichen,
Zumahl könnt' ohne Lug ich also sagen:
»Madonna bittet, darum will ich's wagen!«

Die ihr, o heiße Wünsch', in Wahnes Schlinge
Mich führet, daß so Hohes ich beschlossen,
Seht, wie Madonna's Herz von Erz umgossen,
Daß ich mit eigner Kraft es nicht durchdringe.
Wohl achtet es die Stolze zu geringe,
Daß sie mein Flehn erfülle,
Weil es nicht Gottes Wille,
Mit dem ich länger nicht vergebens ringe.
Darum, wie ich im Herzen mich verhärte,
»So herrsch' in meinem Wort' auch rauhe Härte.«

Was red' ich? wohin hab' ich mich verloren?
Wer täuscht mich, als ich selbst und groß Verlangen?
Des Himmels Kreise hab' ich all' durchgangen;
Zum Leiden hat mich kein Planet erkoren.
Wenn Erdenschleyer meinen Blick umfloren,
Nicht thun's der Sterne Ringe,
Noch andre schöne Dinge.
Mir folget Tag und Nacht, was sich verschworen

Zu meinem Weh, seit mir die Ruhe stahlen
»Ihr holdes Bild, des Auges milde Strahlen.«

Ein jeglich Ding – was auch den Weltkreis schmücke –
Ist gut aus seines Meisters Hand geflossen;
Doch mich, dem sich das innre Seyn verschlossen,
Mich blendet, was ich Schönes rings erblicke,
Und kehr’ ich je zum wahren Glanz zurücke,
Nicht kann das Aug’ ihn dulden,
So haben’s eigne Schulden
Der Kraft beraubt, nicht jenes Tages Glücke,
Da ich zu ihr die Augen aufgeschlagen
»In meines ersten Alters süßen Tagen.«

VIII

Es eilen unsre Tage,
Und bangend mißt der Geist des Werkes Schwere;
Drum kann ich jenen nicht, nicht diesem trauen.
Doch, wo ich es begehre,
Da wird verstanden, hoff’ ich, meine Klage,
Die lautlos ruft durch Berge und durch Auen.
Euch, wo ein Nest sich Amor pflegt zu bauen,
Euch, süße Augen, will mein Griffel preisen;
An sich nur träg spornen ihn große Wonnen.
Und wer von euch begonnen,
Den wollt ihr in der Kunst auch unterweisen,
Von Lieb’ emporgetragen,
Sich des Gemeinen Banden zu entreißen.
Von ihr beflügelt will ich Dinge sagen,
Die lang’ im Herzen mir verborgen lagen.

Zwar hab’ ich nicht vergessen,
Wie mein verkleinernd Lob euch widerstrebet;
Doch unterlieg’ ich der Begierd’ im Streiten,
Die mir im Herzen lebet,
Seit ich gesehn, was kein Gedank’ ermessen,

Geschweige, daß es Sprache könnte deuten,
Quell meines Seyns voll Schuld und Süßigkeiten!
Wohl weiß ich, daß nur ihr mich ganz ergründet.
Werd' ich zu Schnee in eurer Strahlen Brande,
Vielleicht, daß meine Schande
In euch dann einen edeln Zorn entbindet.
Ach! ging in solchen Leiden
Vorüber nicht die Gluth, so mich entzündet,
Stürb' ich wohl gern; denn lieber will ich scheiden
In ihrer Näh', als leben und sie meiden.

Und steh' ich unvernichtet
So schwaches Wesen an so mächt'gen Flammen,
So ist, was mich erlöst, nicht eigne Schwäche;
Die Furcht nur hält zusammen,
Die mir das wilde Blut zu Eis verdichtet,
Mein Herz, damit es um so länger breche.
O Hügel, Thäler, Wälder, Fluren, Bäche,
Die Zeugen meines Jammers ihr gewesen,
Wie oft habt ihr den Tod mich rufen sehen!
Ach, Schicksal voll der Wehen!
Verweilen schmerzt und Flucht kann nicht erlösen.
Doch zügelte nicht grade
Mich größre Furcht, wollt' ich wohl bald genesen,
Von meinem herben Leid auf kürzerm Pfade;
Sie trüg' die Schuld, die sonder Lieb' und Gnade.

Warum führt ihr, o Schmerzen,
Vom Weg mich ab, was ich nicht will, zu sagen?
Laßt mich, wohin sich meine Wünsche neigen!
Nicht will ich mehr euch klagen,
Ihr Augen mild, ihr lichten Himmelskerzen,
Noch ihm, dem solches Netz mich gab zu eigen.
Ihr seht, wie Amor ach! der Liebe Zeichen
Vielfarbig oft mir mahlt auf meine Wangen,
Und könnt errathen, wie er innen schaltet,
Wo Tag und Nacht er waltet,
Mit jener Kraft, die in euch aufgegangen,

Euch frohen, sel'gen Sternen,
Noch sel'ger, sähet ihr das eigne Prangen.
Doch kehrt ihr euch zu mir aus euren Fernen,
Könnt, was ihr seyd, an Anderen ihr lernen.

Vermöchtet ihr, der hehren,
Göttlichen Schönheit Kund' euch zu erwerben
Wie einer, dem ihr Anblick ward geschenket,
Es müßt' in Lust ersterben
Das Herz; vielleicht muß solches drum entbehren
Die Kraft, die eure Wimpern hebt und senket.
O selig der, der eurer seufzend denket,   40
Ihr Himmelsstern', um die mit Lust ich trage
Mein Leben, das um nichts mich sonst erfreuet!
Warum so karg verleihet
Ihr das, wovon ich nimmer g'nug erjage?
Mich peinigt Amors Tücke;
Warum nicht öfter seht ihr, wie ich zage?
Und freu' ich mich einmahl in seltnem Glücke,
Warum doch raubt ihr mir's im Augenblicke?

Wohl darf ich's nicht verschweigen,
Oft läßt mich eure Huld im tiefen Herzen
Ein neues, ungewohntes Glück empfinden.
Dann fliehen alle Schmerzen,
Die peinlich lastend mich daniederbeugen,
Daß einer nur von Tausenden zu finden.
Das nur, sonst nichts, kann mich an's Leben binden.
Und ach! wenn solches Glück nur dauernd wäre,
Kein Zustand möchte sich mit meinem messen!
Doch könnte mich vermessen
Und Andre neidisch machen solche Ehre;
Drum muß es ach! geschehen,
Daß jede letzte Freud' in Schmerz sich kehre:
Des Herzens Flammen müssen all verwehen;
Ich kehre um und lerne in mich gehen.

So hüllenlos und offen
Zeigt sich in euch verborgner Liebe Stärke,
Daß aus dem Herz all' andre Lust sie ziehet.
Drum zeug' ich Wort' und Werke
So trefflich dann, daß mir vergönnt, zu hoffen,
Nicht werd' ich sterben, wenn der Leib verblühet.
Erscheinet ihr, Kummer und Angst entfliehet,
Und geht ihr, muß auf's Neu das Herz erkranken.
Weil aber das Gedächtniß liebernähret
Den Ausgang ihnen wehret,
Dringen sie nicht aus letzter Theile Schranken.
Drum, reift an meinen Zweigen
Gesunde Frucht; der Sam' ist euch zu danken.
Ich selbst muß mich wie eine Oed' erzeigen;
Ihr baut sie und der Preis ist euer eigen. –

Nicht sänftigst du, Canzone; du entflammest,
Was mich mir selbst entwendet, zu verkünden,
Drum glaub' es mir, du wirst Genossen finden.

IX

Euch, edle Herrinn, flimmert
Am Aug' ein Licht, holdselig zu gewahren,
Das mir den Weg hinan zum Himmel kläret,
Und durch ein lang Erfahren
Seh' ich das Herz, wie da hindurch es schimmert,
Wo ich allein mit Amor eingekehret.
Der Anblick ist es, der mich Tugend lehret,
Daß ruhmvoll einst ich von der Erde scheide;
Nur er hat mich erhoben ob der Menge.
Der Sprache nie gelänge,
Zu künden, wie die Himmelslichter beyde
In's Herz mir Wonne gießen,
So, wenn die Flur erstarrt im Winterkleide,
Als wenn im jungen Lenz die Blumen sprießen,
Wie sich's in meiner Noth Beginn erwiesen.

Oft sprech' ich in Gedanken:
Wenn er, der ob den Sternen ewig waltet,
Der seine Macht schon gnädig zeigt hienieden, 42
Gleich Schönes dort entfaltet,
So öffnet euch, ihr meines Kerkers Schranken,
Die mich vom Pfad zu solchem Glück geschieden! –
Drauf aber, mit dem alten Krieg zufrieden,
Dank' ich Natur und meines Werdens Tage,
Die mich zu solchem Gute aufgehoben,
Und ihr, die mich umwoben
Mit solcher Hoffnung, der mir selbst zur Plage
Ich bis dahin gelegen. –
Seit ich die süße Freud' im Herzen trage,
Zu dem den Schlüssel ihre Augen hegen,
Fühl' ich ein frohes, selbstgefällig Regen.

Wie viel der sel'gen Wonnen
Amor's oder des Glücks unstete Hände,
Auf Einen ihrer Günstling' ausgegossen,
Gern tauscht' ich solche Spende
Für einen Blick der Augen, wo begonnen
Mein Heil, wie Bäum' aus ihren Wurzeln sprossen.
Ihr Himmelsfunken, meines Seyns Genossen!
Ihr lichten, milden, wo sich Freud' entzündet,
Die meines süßen Jammerlebens Quelle!
Wie jede andre Helle
Versiegt und flieht, wo eure sich entbindet;
So, wenn so viel des Süßen
In's Herz mir strömt, wohl alles Andre schwindet,
Und alle andern Wünsch' im Nu zerfließen;
Nur Amor will mit euch sich drin verschließen.

Was Süßes war jemahlen
Im Herzen froher Liebenden beysammen,
Ist wenig gegen das, so ich ersiege,
Wenn einmahl eure Flammen 43
Holdselig zwischen Weiß und Schwarz erstrahlen,
Wo Amor scherzend ruft zu Spiel und Kriege.

Und seit den Windeln, glaub' ich, und der Wiege
Hat gegen Unvollkommenheit und Leiden
Der Himmel solches Mittel mir geschenket.
Der Schleyer nur mich kränket
Und jene Hand, die meine höchsten Freuden
So oft dem Blick verhingen,
Aus dem sich Sehnsucht mir zu allen Zeiten
Ergießt, dem Herzen Linderung zu bringen.
Das stets sein Wesen ändert mit den Dingen.

Weil ich mit Unbehagen
Erkenne, wie es nimmer mir gegeben,
Durch eigne Kraft so theuren Blick zu binden,
Muß ich vor allem streben,
Der hohen Hoffnung werth mich zu betragen,
Und edler Flammen, die mich ganz entzünden.
Wenn ich zum Guten schnell und träg zu Sünden,
Verächter dessen, was die Welt ersehnet,
Ein Anderer zu werden mich befleiße,
Vielleicht daß solcherweise
Mein Lob zu mildem Urtheil sie gewöhnet. –
Soll meine Klage schweigen,
Die nirgend sonst aus schwerem Herzen tönet,
Geschieht's zuletzt durch süßer Augen Neigen,
Adligen Seelen letzter Hoffnung Zeichen.

Canzon', es lebt bereits dir eine Schwester,
Und eine andre fühl' ich sich bereiten
An gleichem Ort; drum füll' ich mehr der Seiten.

44

X

Weil jenes heiße Regen
Durch mein Geschick zu reden mich gezwungen,
Das sonst zum Seufzen nur mich angewiesen,
Sey du, der mich durchdrungen,
Mein Führer, Amor, zu den rechten Wegen!

Laß würdig sich mein Herz im Lied ergießen,
Doch so, daß es im Uebermaß des Süßen
Nicht untergeh', wie mich zu fürchten zwinget,
Was ich in tiefster Tiefe drin empfinde,
Weil mehr ich mich entzünde
Im Reden, und, wie Geist und Will' auch ringet,
(Drum zag' ich so und bange)
Doch nimmer sich des Herzens Gluth verringet.
Ich schmelze hin, wie Eis am Felsenhange
In Sonnengluth, bey meiner Worte Klange.

Wohl glaubt' ich im Beginne,
Durch Rede kurzen Frieden zu erjagen
Und kleine Rast dem glühenden Verlangen;
Die Hoffnung ließ mich's wagen,
Die Schmerzen zu verkünden süßer Minne.
Zur Zeit der Noth nun ist sie mir vergangen.
Doch kühn verfolg' ich, was ich angefangen,
Und lasse ferner Liebesweis' erklingen;
So trägt mich Sehnsucht fort auf mächt'gem Flügel!
Vernunft, die sonst die Zügel
Ihr hielt, ist todt und kann sie nicht bezwingen.
O laß mich Worte finden,
Amor, daß, wenn zu Ohren je sie dringen:
Der süßen Feindinn, sie nicht Lieb' entzünden
In ihr, doch Mitleid gegen mich entbinden!

Ich sag', es gab einst Zeiten,
Wo noch die Menschen, wahrem Ruhm gewogen,
In Lernbegier und Thatendrang erglühten,
Nach fernen Ländern zogen,
Nicht zagten, Berg und Fluth zu überschreiten,
Das Beste sammelnd und die schönsten Blüthen.
Nun Gott, Natur und Amor mir behüthen
Für jede schönste Tugend eine Stelle
In diesem Blick, wo Leben ich gewonnen,
Brauch' ich nicht andere Sonnen
Fern zu erspähn auf trügerischer Welle.

45

Bey ihm nur will ich weilen,
So meines Heiles lang erprobte Quelle;
Und treibt mich Sehnsucht, in den Tod zu eilen,
Kann nur sein Anblick Hülfe mir ertheilen.

Wie müd' ein Loots' im Dunkel
Durchstürmter Nacht sein Haupt erhebt nach oben,
Den Lichtern zu, die stets am Pol sich zeigen,
So ist in Sturmes Toben,
Den Lieb' erregt, der Augen Lichtgefunkel
Mein einz'ger Trost, mein einzig Rettungszeichen.

Ach! öfter, als des freyen, gnadenreichen
Geschenkes Trost, wird mir, was ich, gezwungen
Von Amor, mir bald hier, bald da entwende.
Doch schon die kleine Spende
Hat mir als stete Norm sie aufgedrungen.
Seit sie mich neugeboren,
Ist ohne sie nichts Gutes mir gelungen.
So hab' ich *sie* zu Herrschern mir erkoren;
Denn ohne sie ist alle Kraft verloren.

Ach! ich vermöchte nimmer
Die Wirkungen zu denken noch zu künden,
Die, süße Augen, ihr mir schafft im Herzen!
Vor ihnen muß verschwinden
All' andrer Reiz des Lebens; aller Schimmer
Erbleichet vor dem Schein der lichten Kerzen.
Wohl einen holden Frieden sonder Schmerzen,
Des Himmels ew'gem Frieden zu vergleichen,
Ihr liebeselig Lächeln freundlich spendet.
Drum möcht' ich unverwendet
Nur einen Tag, deß Strahlen nie erbleichen,
Den Blick nach ihnen lenken,
Zu sehn, wie sie in Liebe hold sich neigen;
Nicht Andrer würd' ich dann, noch meiner denken,
Und häufig nicht das Auge niedersenken.

Weh mir, daß ich erblindet
Begehre, was ich nimmer doch erringe,
Und hoffnungslos mich nähre von Verlangen!
O wäre jene Schlinge,
Mit welcher Amor meine Zunge bindet,
Wenn großer Glanz den schwachen Blick befangen,
Nur erst gelöst, ich würde Muth empfangen,
So Neues augenblicklich zu erzählen,
Daß jeden es zu Thränen müßte rühren.
Die Wunden nur verführen
Das kranke Herz, sich Andres zu erwählen;
Drum seh' ich mich entfärben;
Das Blut, es will, weiß nicht, wohin, sich stehlen;
Das Alte laß ich, Andres zu erwerben;
Ich fühl's, an diesen Wunden werd' ich sterben.

Canzone, sieh', von vieler süßer Rede
Wird meine Feder stumpf zuletzt und träge.
Nicht so der Geist in langem Selbstgespräche.

XI

Nicht will ich mehr in alten Weisen singen,
Die achtlos untergingen mir zur Schande!
Auch frohem Stande reihen sich Beschwerden.
Stets Seufzen nur kann keine Hülfe bringen.
Schon ringen unterm Schnee die Alpenlande.
Dem Schlaf entwandt' ich mich; denn Tag will's werden.
Hold ehrbare Geberden sind gepriesen!
Auch an der süßen Herrinn muß ich's ehren
Daß sie hochhehren Zornes sich erwiesen;
Doch Stolz und Haß verdrießen.
Der Liebe Reich muß Schwertes Schärf' entbehren.
Zurück soll kehren, wer verlor die Straße;
Wer keine Herberg' hat, in's Gras sich setze;
Wer Gold entbehrt und Schätze,
Still' seinen Durst aus einem schönen Glase.

Mir ward St. Peters Schutz. Nun nicht mehr, nein!
Wer kann, seh's ein! wie ich mich ganz verstehe.
Verschuldet Wehe schwer zu Herzen gehet.
Möglichst befrey' ich mich und steh' allein.
48 Nicht will ich seyn, wie Phaëton, der ehe
Sank aus der Höhe. Frey die Amsel stehet.
Kommt, sehet selbst! – doch nein, ich will nicht bitten!
Kein Scherz sind Felsen mitten in den Fluthen,
Im Strauch Leimruthen. Schmerzlich hab' ich litten,
Wenn herrisch stolze Sitten
In schöner Donna bargen viel des Guten. –
Die mit Bescheid sich sputen sonder Frage,
Die lassen jeden ziehen unerhöret;
Der sich in Eis verzehret,
Der sehnt sich nach dem Tod bey Nacht und Tage.

Verjährt ist's Sprüchlein: »Liebe, wer dich liebet!«
Was mich betrübet, weiß ich; kann's nicht zwingen.
Wer auf will dringen, muß die Kosten tragen.
Niedrige Herrinn Groll am Freunde übet.
Die Feig' oft Täuschung gibet. Nicht zu ringen
Nach hohen Dingen, dünkt mich klug Betragen,
Und allwärts ragen Hütten, drin zu leben.
Unmäßig Streben muß den Tod bereiten.
Zu Zeiten hab' auch ich mich hingegeben,
Der kleine Rest vom Leben
Mag, wenn es seyn soll, auch hinunter gleiten.
Fortan soll leiten mich der Herr der Erden,
Der seine Theuren führt auf Waldes Pfaden,
Daß mit dem Stab der Gnaden
Zur Weid' er führ' auch mich mit seinen Heerden. –

Nicht all', die's lesen, werden mich verstehen,
Wie sie auch spähen, keinen Fang erkünden.
Wer tief nach Gründen forschet, leicht versinket. –
49 Was Allen ein Gesetz, kann nicht vergehen.
Weit muß man gehen, sichern Stand zu finden.
Bald wird verschwinden, was groß Wunder dünket.

Verschloßne Schönheit blinket mehr und freuet.
Gebenedey't der Schlüssel, der gekommen
Zum Herzen, es entnommen und befreyet
Von Fessellast, zerstreuet
Endloses Weh und aus der Brust genommen.
Wo ich beklommen litt, leiden noch Viele.
Der Andern Schmerzen schmälern meine Schmerzen;
Dank, Amor, dir von Herzen,
Daß ich's, wiewohl es noch wie sonst, nicht fühle.

Das hochverständ'ge Wort bey tiefem Schweigen;
Der Laut, dem weichen muß all' andres Sinnen;
Die dunkle Haft, worinnen lichte Helle;
Am Strand nächtlicher Veilchen stilles Neigen;
Des Wilds Bezeigen in den Mauern drinnen;
Das scheue Minnen; Zucht und Stromes Welle,
Zu lieber Stelle friedlich hingeronnen
Aus zweyen Bronnen; Lieb' und scheues Bangen, –
Das all' hält mich umfangen und umsponnen;
Auch die zwey lichten Sonnen,
Die mir auf sanftem Pfad vorausgegangen,
Hin, wo der Schmerz vergangen, Hoffnung winket.
O theures Gut und all', was du beschieden,
Krieg, Waffenruh' und Frieden,
Verlaßt mich nicht, bis diese Hülle sinket!

Ich lach' und wein' ob den erlittnen Streichen.
Mit stillem Neigen will ich aufwärts schauen,
Der Zukunft trauen, froh deß, was geblieben,
Die Jahre zählend jammern so als schweigen,
In schönen Zweigen mir ein Nest erbauen,
Der rauhen Weig'rung nimmer mich betrüben
Die alt verhärtet Lieben nun bezwungen,
Von Lästerzungen und viel bittern Tagen
Mir kam zu sagen, Anderes entrungen.
So weit bin ich gedrungen,
Auch dies zu künden; doch »nicht darfst du's wagen!«
Spricht, die mich wund geschlagen und nun heilet,

50

Die mehr das Herz als das Papier erfüllet,
Der Leben, Tod entquillet,
Die Kälte mir zugleich und Gluth ertheilet.

XII

Ein Weib, der Sonn' an Alter gleich zu achten,
Doch schöner weit und glänzender zu preisen,
In hoher Schönheit Gleisen
Zog mich, kaum aufgeblüht, zu ihren Scharen.
Die war bey allem Dichten, allem Trachten,
Als eins der Dinge, die da selten heißen,
Auf vielen tausend Gleisen
Mir stets voran, stolz, flüchtig, zu gewahren.
Für sie nur ließ ich, was ich liebte, fahren,
Seit ich ihr Aug' empfunden mir zur Seiten
Für sie nur hab' in Zeiten
Ich so mühsel'gem Treiben mich ergeben,
So daß, komm' ich zum Hafen, dem ersehnten,
Durch sie noch lang zu leben
Ich hoffe, wenn längst Andre todt mich wähnten.

Die Herrinn führte mich viel Jahr' am Bande
Von jugendlicher Sehnsucht hell entzunden,
Wie ich's nun wohl empfunden,
Zu stellen auf die Probe nur mein Sinnen,
Nur Schatten zeigend, Schleyer und Gewande
Manchmahl von sich, das Antlitz stets umwunden;
Und ach! die Jugendstunden,
Meynend, genug zu sehn, ließ ich entrinnen
Zufrieden, und noch jetzt freu' ich mich innen,
Da Einiges von ihr ich näher sehe.
Ich sage, daß nur ehe,
Wie bis dahin ich sie gesehen nimmer,
Sie mir sich wies, wodurch mir Eis gekommen,
In's Herz, das da noch immer,
Und seyn wird, bis in Arm sie mich genommen.

51

Doch konnte Furcht und Frost nicht ab mich halten,
Mit freudig kühnem Herzen mich trotz diesen
Zu drängen ihr zu Füßen,
Mehr Süßigkeit zu ziehn aus ihrem Blicke.
Und sie, die schon gelüpft des Schleyers Falten
Vor meinem, sprach: »Nun kannst, o Freund, du schließen,
Wie schön ich, und erkiesen,
Was sich für deine Jahre ziem' und schicke.«
»Herrinn,« sprach ich, »schon lange Zeit ich blicke
Auf euch mit Liebe, die nun ward zum Brande,
Drob ich in diesem Stande
Auf alles andre Wollen sonst verzichte.«
Drauf sprach sie Worte, die gar lieblich klangen,
Mit einem Angesichte,
Das stets mich hoffen lassen wird und bangen:

»Nicht Viele sind auf Erden, die gehöret,
Wie ich mit Kraft und Stärke hoch gezieret,
Und drinnen nicht gespüret
Ein Glühen, mindest kurze Weil' entzündet;
Doch meine Feindinn, die das Gute störet,
Verlöscht es bald, die Tugend sich verlieret,
Und andrer Herr regieret,
Der ruhigeres Leben euch verkündet.
Amor, der dein Gemüth zuerst ergründet,
Sagt wahrhaft Dinge mir von ihm, aus denen
Ich seh', daß großes Sehnen
Dir Anspruch gibt auf ein ruhmvolles Ende,
Und eine Herrinn sollst du bald erblicken,
Als seltner Freundschaft Spende,
Die ungleich mehr dein Auge wird beglücken.« –

»Das ist unmöglich!« wollt' ich eben sagen;
Sie aber sprach: »Blick auf, so wirst du sehen
In mehr verborgnen Höhen
Eine Herrinn, die Wen'gen sich gezeiget.«
Schnell mußt' beschämt das Aug' ich niederschlagen.
Drin fühlend neue, größre Flammen wehen.

Wie Scherz ließ sie's geschehen
Und sprach: »Ich weiß, wohin dein Blick sich neiget!
Wie jeden Stern die Sonne schnell verscheuchet
Mit ihrer Strahlen mächtigen Gefunkel,
So tritt zurück in's Dunkel
Mein Antlitz auch, seit stärk're Lichter kamen.
Allein den Meinen bleibt drob meine Neigung;
Denn Beyd' aus einem Samen,
Sie erst, mich drauf erschuf dieselbe Zeugung.« –

Derweil zerriß der Knoten der Unehre,
Der damahls meine Zunge fest umstrickte,
Als ich mich so erblickte
Von ihr durchschaut zur Zeit der ersten Schande.
Und ich begann: »Ist Wahrheit, was ich höre,
Gesegnet sey der Vater, hochbeglücket
Der Tag, der mit euch hat die Welt geschmücket,
Die Zeit auch, die ich euch zu sehn verwandte!
Und lenkt' ich je von graden Weges Rande,
Bereu' ich's mehr, als außen ihr mögt lesen;
Doch wenn von eurem Wesen
Ich mehr zu hören werth, möcht' ich's wohl gerne.« –
Sinnend sprach sie und unverwandt sie lenkte
Nach mir die süßen Sterne,
Daß Wort und Antlitz sich in's Herz mir senkte:

»Wie unserm ew'gen Vater es gefallen,
Wir Beyde gleich Unsterblichkeit empfingen.
Euch kann's nicht Vortheil bringen!
Besser für euch, wir müßten deß entbehren.
Zwey Mägdlein, artig, schön, geliebt von Allen
Waren wir einst; *die* Zeiten ach! vergingen!
Und jene schlägt die Schwingen,
Zu ihrer alten Wohnung heimzukehren.
Ich bin ein Schatten nur. Du wolltest's hören,
Und weißt, was du jetzt fähig, zu verstehen.« –
Als sie bereit zu gehen,
Sprach sie: »Nicht fürchte, daß ich gänzlich scheide!«

Und einen Kranz von grünem Lorbeer pflückte
Sie, den zum Festgeschmeide
Sie gütig mir auf meine Schläfe drückte.

Canzone, wer dich dunkel nennen sollte,
Dem sag': »Ich sorge nicht, weil bald die Wahrheit
In allverstandner Klarheit
Kund werden wird von einem andern Bothen.
Bloß zu erwecken, bin ich ausgezogen,
Wenn, der mir dies gebothen,
Mich, als ich von ihm schied, nicht hat betrogen.«

54

XIII

Der Schmerz, der mich durchglühet
So brennend und ohn' Ende,
Wollt' er mit seiner Farbe mich bedecken,
Vielleicht, daß, die mich fliehet,
Der Wärm' ein Theil empfände,
Und Amor, wo er schläft, sich ließ erwecken
Nicht mehr durch Waldesstrecken
Würd' ich einsamer Weise
Noch über Hügel schreiten,
Und Thränen seltner gleiten,
Erglühte sie, die starret gleich dem Eise,
Die mir kein Quentlein gönnet,
So nicht wie Flammen brennet.

Seit Amor, dem ich eigen,
Mein Wissen mir entrungen,
Hat ernst und rauh sich meine Stimm' ergossen.
Doch nicht allein in Zweigen
Zeigt, was den Kern durchdrungen,
Der Baum, in Blüthen nicht allein und Sprossen;
Seht, was das Herz verschlossen,
Amor und schöne Augen,
Wo er im Schatten waltet!

Wenn sich der Schmerz entfaltet,
Und Thrän' und Klagen aus der Tiefe tauchen,
Schmerzt jenes mich, dies Andre,
55 Weil ich in Blindheit wandre.

Ihr freundlich süßen Weisen,
Die ihr mir beygestanden
Im Streit, als andre Waffen mir gebrachen,
Wer wird dies Herz von Eisen
Entledigen der Banden,
Daß sich es nur, wie sonst, ergieß' in Klagen?
Mir ist, als hört' ich sagen
Drin Jemand von der Hehren,
Ihr Wesen mir entfalten;
Doch will ich's nachgestalten,
Versagt die Kraft, als sollt' ich mich verzehren.
So ist mir ach! entschwunden,
Worin ich Trost gefunden.

Dem Kindlein zu vergleichen,
Das, wie die Zunge strebe,
Kaum lallt, doch Schweigen nicht vermag zu tragen;
So kann auch ich nicht schweigen,
Es treibt mich, weil ich lebe,
Zu meiner süßen Feindinn aufzuklagen. –
Kann Lust ihr und Behagen
Nur eigne Schönheit bringen,
Ist Alles ihr zuwider,
Ruf' ich zu euch hernieder:
Verleihet meinen Seufzern reiche Schwingen,
Gestad', und offenbaret,
Wie freundlich ihr mir waret!

So schöne Füße nimmer
Betraten je die Erde,
Als die einst ihre Spur euch hinterließen;
Drum kehr' ich jammernd immer
56 Mit klagender Geberde,

Euch meines Herzens Tiefen zu erschließen.
O daß von ihren Füßen
Ich säh' die leisen Tritte,
Wo Halm' und Blumen weben,
Daß meinem Jammerleben
Ein Ruheplätzchen würd' in ihrer Mitte!
Doch sucht, wie's ihm beschieden,
Das zage Herz den Frieden.

Es hat, wohin ich blicke,
Sich milder Glanz ergossen;
Hier, denk' ich, war ihr reizend Licht zu sehen!
Wenn Blum' und Halm ich pflücke,
Scheint Alles mir entsprossen
Dem Boden, wo sie einst gepflegt, zu gehen,
Wo zwischen Fluß und Höhen
Sie einen Sitz im Grünen,
Mit Blumen frisch umbreitet,
Zuweilen sich bereitet. –
Und schlimm für wahr, hätt' es nicht bloß geschienen!
Welch Heil muß in dir wohnen,
Kannst du so herrlich lohnen!

Wie rauh doch bist du, meine arme Kleine!
Auch du wirst's also finden;
Drum bleib' in Waldesgründen!

XIV

Hell frische, süße Wogen,
Die jüngst die schönen Glieder
Der Einz'gen, die mir Herrinn scheinet, kühlten!
Ihr Zweige, zart gebogen –
Mit Seufzen denk' ich's wieder –
Die stützend ihren holden Körper hielten!
Ihr Blüthen, die da spielten
Um's Kleid ihr, loos' und leichte,

57

Um Busens Engelreine!
O Luft, du heil'ge, reine,
Wo Amor mir ihr Herz im Auge zeigte!
Vernehmt all', was ich sage,
Vernehmt die letzte schmerzensvolle Klage! –

Ist's einmahl mir beschieden,
Des Himmels fester Wille,
Daß dieses Herz in Liebesweh ersterbe,
So finde ihren Frieden
Bey euch die kranke Hülle,
Und nackt der Geist die alte Wohnung erbe.
Der Tod ist minder herbe,
Wenn zu dem dunkeln Orte
Die Hoffnung mit mir ziehet.
Denn nimmermehr entfliehet
Der matte Geist in ruhigerem Porte,
Nimmer in stillern Thalen
Seinen Gebeinen, abgemüht in Qualen.

Vielleicht erscheint die Stunde,
Wo an gewohnter Stelle
Das schöne sanfte Wild sich wird ergehen,
Und sehnend in der Runde
Mich suchen, an der Quelle,
Da sie am heil'gen Tage mich gesehen,
Und wird – könnt' ich's erflehen! –
Wenn Staub sie unter Steinen
Mich sieht, von Lieb' umfangen,
So süß in Seufzern bangen,
Daß mir des Himmels Gnade muß erscheinen;
Ja ganz wird sie ihn zwingen,
Wenn ihre Thränen in den Schleyer dringen.

Es quoll von zarten Zweigen –
Mit Wonne denk' ich's immer –
Herab auf ihren Schooß ein bunter Regen.
Mit demuthvollem Schweigen,

58

In all' der Glorie Schimmer,
Saß überdeckt sie von der Blüthen Segen,
Die um den Saum sich legen,
An blond Gelock sich schmiegen,
Das an dem Tag die Holde
Gleich Perlen schmückt' und Golde;
Zur Erde die, auf Wellen jene fliegen,
In schwebendem Getriebe
Umkreisend rufen andr': Hier herrscht die Liebe!

Wie oft sprach ich voll bangen
Erstaunens da: »In Wahrheit,
Sie stammt aus paradiesischem Gefilde!«
So hatte mich befangen
Des Leides Himmelsklarheit,
Ihr Aug', ihr Wort und ihres Lächelns Milde,
Und von dem wahren Bilde
Mich also abgeschieden,
Daß oft ich rief beklommen:
Wie bin hieher ich kommen? –
Im Himmel dünkt' ich mich, nicht mehr hienieden. –
In diesen Blumengründen,
Sonst nirgend kann seitdem ich Ruhe finden.
Wär' dir der Schmuck, Canzone, den du wünschest
Du könntest sonder Zagen
Aus Waldesdunkel in die Welt dich wagen.

XV

Zur Stelle hin, wohin mich Amor lenket,
Muß sich mein Lied, das schmerzenvolle, wenden,
Das folgsam sich betrübtem Geist' ergeben.
Womit soll es beginnen? womit enden?
Er, der mit mir mein Leiden überdenket,
Kann nicht mit dunklem Wort die Zweifel heben.
Doch will ich, was von meinem Jammerleben
Mit eigner Hand er mir in's Herz gegraben,

Was ich so gern mir wiederhohl', erzählen,
Weil Qualen minder quälen
Und unsre Seufzer Waffenruhe haben,
Wenn wir sie nicht verhehlen.
Drum wißt, was auch dem Auge mag erscheinen,
Doch seh' ich stets die Reize nur der Einen.

Jetzt, da mich meines Schicksals ernster Wille,
Des stolzen, unerbittlichen und kalten,
Von meinem größern Gut auf Erden scheidet,
Kann die Erinn'rung nur mich aufrecht halten.
Drum, wenn die Erd' in jugendlicher Fülle
Von neuem sich mit frischem Grün bekleidet,
Seh' ich, wie einst an ihm ich mich geweidet,
Das Mägdlein, nun zum holden Weib' entfaltet.
Wann sengend drauf empor die Sonne steiget,
Das heiße Jahr dann gleichet
Der Liebe Gluth, so durch die Herzen waltet.
60 Doch wenn das Jahr sich neiget
Und drob die Tage, die verkürzten, klagen,
Seh' ich gelangt sie zu den reifern Tagen.

Zur Zeit, wo bessre Sterne Kraft gewinnen,
Die Kält entfliehet vor des Westes Hauche,
Wenn Blatt und Veilchen sich der Knosp' entrungen,
Hab' ich das Grün, die Veilchen, nur im Auge,
Mit denen einst, bey meines Kriegs Beginnen,
Amor bewehrt mich so, wie jetzt, bezwungen,
Und jene Rinde, die so hold umrungen
Den süßen Leib, die kindlich zarten Glieder,
Wo seinen Sitz der edle Geist genommen,
Vor dem mir unvollkommen
Das Beßt' erscheint. – So denk' ich immer wieder
Der Demuthvollen, Frommen,
Der Knospe, vor den Jahren aufgeblühet,
Von der mein Weh entstand, vor der es fliehet.

Seh' zarten Schnee ich fern auf Bergen leuchten
Im Mittagsstrahl, dann, wie dem Sonnenlichte
Der Schnee, so muß der Lieb' ich unterliegen,
Denk' ich dem mehr als menschlichen Gesichte,
Deß Reize fernher meinen Blick befeuchten,
Doch nah ihn blenden und das Herz besiegen,
Wo zwischen weiß und goldner Farb', in Zügen,
Die nie verlöschen, Zauber mir sich zeigen,
So keines Andern Blick noch aufgegangen,
Und die mein Herz befangen,
Wenn unter Lächeln ihre Seufzer steigen,
Mit glühendem Verlangen,
Das jedem Wandel trotzt und nimmer endet,
Und das kein Winter löscht, kein Sommer wendet.   61

So oft durch heitre Lüft' ich sahe flammen
Nach nächt'gem Guß der Wandelsterne Schimmer,
Wann über Thau und Schollen Lichter flogen,
Hatt' ich vor mir des holden Auges Flimmer,
So meines Lebens Bande hält zusammen,
Wie einst ich's sah vom Schleyer überzogen.
Und wie vor seinem Strahl des Himmels Bogen
Damahls erglänzte, seh' ich's noch getränket
In Thränen funkeln; drob die Gluth nicht weichet.
Wann früh die Sonne steiget,
Seh' ich das Licht, so Lieb' ins Herz mir senket,
Und wann sie spät sich neiget,
Seh' ich es fort zu anderm Orte fliegen,
Im Dunkel lassend den, dem es entstiegen. –

Wenn weiße Rosen irgendwo mit rothen
In goldnen Aeschen bey einander stehen,
Von jungfräulichen Händen zart gepfleget,
Meyn' ich ihr lieblich Angesicht zu sehen,
So alle andre Wunder überbothen
Mit drey Vortrefflichkeiten, die es heget:
Ein *blond Gelock,* um einen *Hals* geleget,
Vor dem die Milch selbst ihren Glanz verlieret,

Und *Wangen,* die in süße Gluth sich tauchen.
Doch wenn des Westes Hauchen
Vorüber weiß' und gelbe Blüthen führet,
Hab' ich den Ort vor Augen
Und jenen Tag, da flatternd ich erkannte
Die goldnen Locken und so schnell entbrannte.

Als wollt' ich nennen all' der Sterne Zahlen,
In klein Gefäß das Meer zusammenschichten,
So möcht' es seyn, wollt' ich auf enger Seite
Noch weiter so nach Herzenslust berichten,
Wie sie, der Frauen Blüth', in tausend Strahlen
Selbstständig links und rechts ihr Licht verbreite,
Auf daß hinweg von ihr ich nimmer schreite.
Nie thät' ich's auch. Und ob ich schon entflöhe,
Doch säh' ich allerwärts mich abgeschnitten,
Weil ich auf allen Tritten,
Mir zum Verderben, sie vor Augen sähe.
So folgt sie meinen Schritten,
Daß keine Andr' ich seh', noch sehen möchte,
Noch andern Nahmens seufzend je gedächte.

Du weißt, Canzone, daß die reichste Sprache
Schwach für der Liebe heimlich – süße Wonnen,
Die mir das Herz so Tag als Nacht durchbeben,
Von deren Schutz umgeben
Dem langen Kampf ich sonder Fahr entronnen.
In Thränen wär' mein Leben
Ob meines Herzens Ferne längst verglommen;
Von dorther nur hab' Aufschub ich bekommen.

XVI

Zwar, mein Italien, bleiben, was wir sagen,
Die Todeswunden offen,
So ich an deinem schönen Leib' ersehe,
Doch mindest will, wie Tiber, Arno hoffen,

Wie Po es wünscht, ich klagen,
Bey dem ich schmerzensvoll und jammernd stehe. –
O Himmelsfürst, ich flehe,
Daß, wie dich Mitleid einst zur Erde sandte,
Es jetzo in dein theures Land dich lade.
Da sieh, o Herr voll Gnade,
Wie wilder Streit erwuchs aus kleinem Brande.
Die Herzen schlug in Bande
Mars, stolz und wild, die blinden;
O Vater, löse sie, dem Hochmuth wehre!
Laß meine Zunge künden,
Wer ich auch seyn mag, deiner Wahrheit Lehre!

Ihr, die ihr in der Herrscherhand den Zügel
Der schönen Länder haltet,
Von denen euer Herz sich abgewendet,
Was hat die fremden Schwerter hier entfaltet?
Was hat die grünen Hügel
Mit der Barbaren Blute rings geschändet?
Von eitlem Wahn geblendet
Seht wenig ihr, und meynet viel zu sehen,
In feilem Herzen suchend Treu' und Ehre.
Je mehr der Söldnerspeere,
Je leichter wirds dem Feind, euch zu bestehen.
O Fluth, die fremde Höhen
Und Wüsteney'n uns senden,
Um unsre holden Fluren zu verheeren!
Wenn von den eignen Händen
Uns solches kommt, wer soll uns Heil gewähren?

Wohl zeigte die Natur sich uns gewogen,
Ließ schirmend sich erheben
Die Alpen zwischen uns und Deutscher Strenge.
Doch täuschte sich ein heillos blindes Streben;
Der starke Leib, umzogen
Von Beul' an Beul', erkrankte in der Länge.
In eines Käfigs Enge
Stehn wild' und zahme Thier' itzt als Genossen,

So daß die Bessern immerdar verzagen,
Und – was noch mehr zu klagen. –
Von einem rohen Volke jen' entsprossen,
Dem so die Seit' erschlossen
Einst Marius, wie wir lesen,
Daß – noch ist's dem Gedächtniß nicht entsunken –
Um Durstes zu genesen,
Er Blut und Wasser aus dem Strom getrunken.

Von Cäsar schweig' ich, der auf jedem Pfade
Mit Blut die Halme tränkte,
Das unter unserm Schwerte sie vergossen.
Ein feindliches Gestirn, so scheint es, lenkte
Von uns des Himmels Gnade.
Seht da den Lohn, so eurer That entsprossen!
Was ihr getheilt beschlossen,
Es muß der Erde schönstes Land verderben.
Ha, welche Schmach! o Sünde, kaum zu fassen!
Armen Nachbar zu hassen!
Auf seiner kleinen Habe letzte Scherben
Zu lauern! dann zu werben
Um Fremder Gunst und Neigung,
Die ihre feile Seel' um Gold verdingen!
Ich sprech' aus Ueberzeugung
Nicht, weil Verachtung oder Haß mich zwingen.

Gewahrt ihr nicht, was sich so oft erwiesen,
Des Baiern List und Ränke,
Der mit dem Tode scherzet, wenn er schwöret?
Herber ist Schmach, als Schaden, wie ich denke.
Doch mehr des Bluts wird fließen,
Wenn gegen euch ein andrer Zorn sich kehret.
Von früh bis Mittag höret
Auf euch, und seht, wie wenig Andre schätze,
Wer sich um Gold geringer hält und kleiner.
O Blut du der Lateiner,
Daß solche Schmach nicht länger dich verletze!
Kein Nahme sey dein Götze,

Der inhaltleer erfunden!
Daß uns die Wuth der heimathlosen Horden
Am Geiste überwunden
Ist lediglich durch unsre Schuld uns worden!

Ist dies das Land nicht, das zuerst ich schaute?
Das Nestlein, so mich hegte,
Um süße Kost dem Hungrigen zu reichen?
Ist's nicht die Mutter, die mich sorgsam pflegte?
Der liebend ich vertraute,
Die zärtlich hüllt der Aeltern theure Leichen?
O könnt' ich euch erweichen!
Daß ihr des armen Volkes Thränen sähet,
Des jammerreichen, mit gerührtem Herzen,
Da Lind'rung seiner Schmerzen
Nächst Gott von euch allein es hofft! O stehet
Nicht kalt und unerflehet!
Und gegen Wuth wird Tugend
Sich rüsten, bald der Kampf zum Ziel gelangen;
Ist in Italiens Jugend
Ja noch der alte Muth nicht untergangen.

Ihr Edeln sehet, wie die Tag' entfliegen,
Wie schnell die Jahr' entgleiten,
Und wie der Tod uns nacheilt auf den Füßen!
Noch seyd ihr hier; denkt an die Reis' in Zeiten!
Es muß die dunkeln Stiegen
Die Seel' entkleidet und allein begrüßen.
Haß, Zwietracht sey verwiesen!
Nicht dürfen euch in diesem Thale schänden
Die Stürme, so des Lebens Heitre schwärzen. –
Die Zeit, zu Andrer Schmerzen
Verwandt, mögt ihr auf bessre Thaten wenden!
So mit Verstand als Händen
Sucht Schönes zu vollbringen,
Ergebt euch einem ehrenvollen Streben!
Das wird euch Freude bringen
Und macht den Himmelspfad euch leicht und eben. –

Ich rathe dir, Canzone,
Sag' höflich deine Meinung; denn zu Leuten,
Die stolz und übermüthig, geht die Reise,
Die sich nach alter Weise
Und bösem Brauche immerfort bereiten,
Die Wahrheit zu bestreiten.
Doch besser wirst du fahren
Bey wenig Edeln, die des Bösen müde. –
»Wer wird, sprich da, mich wahren? –
Ich geh' und rufe: Friede, Friede, Friede!«

XVII

Von Bild zu Bild, von Berg zu Berg enteile
An Amors Hand ich; denn betretne Stelle
Gewährt mir keine Seligkeit hienieden.
Nur zwischen Höhn, am Bach in stiller Weile,
Im Schattenthal, an blumenreicher Quelle
Erringt die zage Seele sich den Frieden.
Wie Amor es beschieden,
Frohlockt sie bald, verzaget bald in Wehe,
Und das Gesicht, so ihr gehorcht in Liebe,
Ist heiter bald, bald trübe,
Daß nimmer es sich gleicht; und wer es sähe
Und solches kennt, »der glühet,« würd' er sagen,
»Und weiß nicht, soll er hoffen oder zagen.«

Auf Bergeshöhn, wo Wälder finster ranken,
Nur find' ich Ruhe; feindlich meinem Herzen
Ist jede Wohnung. Allerwärts umringen,
Wo ich auch geh', stets neu mich die Gedanken
An meine Herrinn, und wandeln die Schmerzen
In Spiel oft um, die mich für sie durchdringen.
Und müßt' es auch gelingen,
Kaum ändert' ich solch bittersüßes Leben.
»Vielleicht hat Amor Bessres dir beschieden,«
Sprech' ich; »selbst unzufrieden

Mit dir, findest du *Sie* einst dir ergeben!«
Und seufzend frag’ ich dann im Weitergehen:
»O wird es je, und wie, und wann geschehen?«

Wo sich der hohen Pinie Schatten dehnen,
Da ruh’ ich, und gleich auf dem nächsten Steine
Entwerf’ ihr schönes Bild ich in Gedanken.
Zu mir dann wend’ ich mich und seh’ von Thränen
Die Brust benetzt. »Was,« ruf’ ich da und weine,
»Entrückte, Armer, dich der Wahrheit Schranken?« –
Kann aber sonder Wanken
Mein irrer Sinn am ersten Bilde hangen,
Es sehn von Selbstvergessenheit umfahen,
Erkenn’ ich Amors Nahen,
Und segne froh den Wahn, der mich befangen.
So oft, so schön erscheint sie mir, daß währte
Die Täuschung nur, ich Andres nie begehrte.   68

Ich sahe sie – wer glaubt, was ich verkünde? –
Wohl oft in klarem Quell, auf grünen Matten,
In Silberwölkchen, unter Buchenzweigen,
So wunderschön, daß Leda selbst gestünde,
Der Tochter Schönheit steh’ vor ihr im Schatten,
Wie Sterne vor der Sonne Strahl erbleichen.
Je öder rings das Schweigen,
Je dunkler mich des Waldes Nächt’ umweben,
So mehr erscheint sie mir in lichter Klarheit.
Verscheuchet dann die Wahrheit
Den süßen Irrthum, sitz’ ich ohne Leben
Kalt auf lebend’gem Steine, selbst versteinet,
Gleichwie ein Mensch, der sinnet, schreibt und weinet.

Bald drängt zu einer freyern, offnern Höhe,
Welche der andern Schatten nicht erreichen,
Mich aufwärts ein gewaltiges Verlangen;
Dann mess’ ich mit dem Blick mein ganzes Wehe,
Und allgemach in Thränen niedersteigen
Die trüben Nebel, die mein Herz umhangen,

Bedenk' ich unbefangen,
Wie viel der Luft mich trennet von der Süßen,
Die stets so nah und ferne meinen Sinnen.
Leis tönt es dann von innen:
»Was thust du, Armer? Dort vielleicht auch fließen
Thränen, weil du so weit dich wegbegeben!«
Und aus den Worten quillt mir neues Leben.

Dort, jenseit jener Alpen,
Canzone, wo der Himmel heitrer lächelt,
Wirst du mich wiedersehn, am Silberbache,
Wo unterm Blüthendache
Ein süßer Duft aus Lorbeerzweigen fächelt;
Da weilt mein Herz und die es mir entwunden,
Da einzig wird mein Bild von dir gefunden.

XVIII

Je seltsamer gestaltet
Ein Wesen fremden Zonen wohnet inne,
Vor unbefangnem Sinne
Gleicht's mir; so weit ach! hab' ich mich verloren! –
Dort an des Morgens Thoren
Ein *Vogel* fleugt, der, ferne von Genossen,
Aus Tode, frey beschlossen,
Zum Leben neugeboren sich entfaltet.
So abgeschieden waltet,
Wie er, mein Will', und hebt sich von der Zinne
Erhabener Gedanken auf zur Sonnen,
Daß er, in Staub zerronnen,
Das alte Seyn, dem Phönix gleich, gewinne;
Er brennt und stirbt, regt munter sein Gefieder,
Bis er dann wieder jenem gleich veraltet.

Ein Fels soll sich erheben
In Indiens Meer, der von Gelüst entzündet,
Das Eisen oft entwindet

Den Schiffen, daß zertheilt sie untergehen.
So ist auch mir geschehen
Auf bittrer Thränen Fluth; mit stolzem Zwange
Zu sicherm Untergange
Hat ach! ein schöner Fels geführt mein Leben.
Ihm ward zum Raub gegeben
Mein Herz, das mich, sonst fest und stark begründet,
Beysammenhielt, und nun durch ihn entfliehet,
Der Fleisch mehr an sich ziehet
Als Stahl. O herbes Schicksal, unergründet!
Daß ich bereits in Fleischeshülle sehe
So süßem Wehe mich dahingegeben!

In Westens fernsten Auen
Da soll ein zahmes Wild und sanftes weiden
Wie keines sonst; doch Leiden
Und Schmach und Tod ihm in den Augen wohnen
Nur den mag es verschonen,
Der seinen Blick, vom Auge abgewendet,
Mit Vorsicht nach ihm sendet:
Das Andere doch kann man fahrlos schauen.
Ich Armer voll Vertrauen
Renn’ in mein Weh’, obwohl ich weiß von beyden,
Von dem, was ist und seyn wird; aber gierig
Und blind und taub nun spür’ ich,
Daß, weil ich nicht den heil’gen Blick kann meiden,
Mir Untergang und Tod von ihm muß kommen,
Vom Wild, dem frommen, Engeln gleich zu schauen.

An wunderbarer Stelle,
Fern an des Mittags Gränzen, quillt ein *Bronnen*,
Sein Nahm’ ist: Quell der Sonnen.
Zur Nachtzeit siedend ist er kalt bey Tage,
Und – also geht die Sage –
Wird, wie die Sonne steigt, gemach zu Eise.
Das ist auch meine Weise,
Der ich der Thränen Sammelort und Quelle.
Entflieht des Lichtes Helle,

So meine Sonne ist, dann weint umsponnen
Der Blick des Glühenden von nächt'gem Dunkel;
Doch kann ich im Gefunkel
71 Und Golde des lebend'gen Lichts mich sonnen,
Fühl' Alles ich von außen und von innen
Zu Eis gerinnen, gleich der Wunderwelle.

Auch an Epirus Strande
Vergleicht ein *kalter Quell* sich meinem Herzen,
Der die erloschnen Kerzen
Entflammt, und auslöscht, die er brennend findet.
So ich, der nie entzündet
Zuvor mich fühlte von der Liebe Walten,
Mich nahend jener Kalten,
Nach der ich seufzend immerdar mich wandte,
Stand gleich in vollem Brande.
Nicht Sonne je und Stern sah solche Schmerzen,
Der Jammer hätt' ein Herz von Stein erbarmet;
Doch kaum daß ich erwarmet,
Beschwor Vernunft die heiße Flamm' im Herzen.
So geh von Gluth ich stets zu Kälte über, –
Ich fühl's, und drüber zürn' ich meinem Stande.

In fernem Meere baute
Natur Fortunens Inselreich; da fließen
Zwey Quellen. Lachend grüßen
Den Tod die, so die eine tränkt; daneben
Quillt aus der andern Leben.
So mein Geschick; denn lachend könnt' ich scheiden
Im Uebermaß der Freuden,
Mäßigten sie nicht bittre Wehelaute.
O Liebe du, Vertraute,
Die mich zu dunkelm Ruhme hingewiesen,
Kein Wort von jenem Quell, dem ewig vollen,
Dem reich're Adern rollen,
72 Tritt in den Stier die Sonne. So ergießen
Sich meine Thränen und entquellen stärker
Zur Zeit dem Kerker, wo ich Laura schaute.

Fragt wer, was ich beginne,
Canzone, sprich, dort weilt er unterm Steine
Verschloss'nen Thals, dem sich die *Sorge* entwindet,
Wo Amor nur ihn findet,
Der keinen Augenblick ihn läßt alleine,
Und Jener Bild, die ihn mit Weh umnachtet,
Daß er verachtet jede andre Minne.

XIX

Sagt' ich's, will ihrem Haß ich unterliegen,
Mit deren Lieb' ich Lust und Seyn verlöre!
Sagt' ich's, – mein Leben ruhmlos sich verzehre,
Mein Loos sey, niedrer Knechtschaft mich zu fügen!
Sagt' ich es, soll mich jeder Stern bekriegen,
Mir Neid am Herzen nagen,
Furcht mir zur Seite jagen,
Will ich mich nicht beklagen,
Seh' ich sie stets mit schönern, wildern Zügen!

Sagt' ich's, mag Amors Pfeil in's Herz mir fliegen,
Der goldene, – in ihr's der bleyern schwere!
Sagt' ich's, so mögen mich der Götter Chöre,
Mich Erd' und Himmel und sie selbst betrügen!
So möge sie mir zu des Todes Stiegen
Voraus die Fackel tragen,
Ernst, wie in diesen Tagen;
Und nie mit frommen Zagen
In Red' und That sich huldreich an mich schmiegen.

Sagt' ich's, soll das, was nimmer ich begehre,
Mir rings' auf kurzem, rauhen Pfade ragen!
Sagt' ich's, die wilde Gluth, die mich verschlagen,
Wie ihres Herzens starres Eis sich mehre!
Sagt' ich's, so mag das Sonnenlicht das hehre,
Der Mond sich mir verkriechen,
Der Frauen Huld versiegen,

Nur wilde Wellen fliegen
Um mich, wie einst um Pharaonis Heere!

Sagt' ich's, sey jede Klag' umsonst! ich höre
Nie mehr der Huld, des Mitleids sanfte Sprachen!
Sagt' ich's, – mag sie kein liebes Wort mehr sagen,
Wie einst es mich besiegt mit süßer Wehre!
Sagt' ich's, – dann mag, für die bereit ich wäre,
In Kerkernacht zu liegen,
Von Säuglings erstem Schmiegen
Bis zu den letzten Zügen
Anbethend, mich bedräun mit Hasses Schwere!

Doch sagt' ich's nicht, – soll, die in Blüthentagen
Mein Herz sich ließ im Arm der Hoffnung wiegen,
Fortan auch leiten diesen Kahn, den siechen,
Die Fluth mit ihrer Liebe Steuer schlagen!
Wie stets es war, sey wieder ihr Betragen,
Seit ich mich selbst entbehre,
So daß mit Fug und Ehre
Ich nimmer mehr verlöre! –
Bös thut, wer solcher Treu sich kann versagen! –

Nie hab' ich es gesagt, noch könnt' ich's sagen,
Wenn Gold und Städt' und Schloß ich sollt' ersiegen;
Es soll die Wahrheit nimmermehr erliegen,
Besiegt am Boden soll die Lüge zagen! –
Du kennst mich, Amor, ganz. Auf ihr Befragen,
Thu', wie ich es begehre,
Sag' ihr, was ich dich lehre:
Daß dreymahl glücklich wäre,
Den früh der Tod entrückt der Erde Plagen.

Nicht Lea's, – Rahels Dienst will ich ertragen.
Ihr nur ich angehöre,
Und himmelwärts ich kehre,
Ist es des Himmels Fügen,
Mit ihr auf des Propheten Feuerwagen!

XX

Mein Leben, hofft' ich, würde mir vergehen,
Wie ich zurückgelegt die frühern Jahre,
Ohn' andre Wissenschaft mir zu erkiesen.
Nun, da Madonna's Hülf' ich nicht gewahre,
Die langgewohnte, kannst du, Amor, sehen,
Wie du zu meiner Schmach mich unterwiesen.
Weiß nicht, soll's mich verdrießen,
Daß du in solchem Alter mich getrieben,
Räuber zu seyn der lieben
Lichter, ohn' die ich nicht so schmerzlich litte.
Hätt' ich doch jung der Sitte
Gehuldigt, der ich jetzt mich muß bequemen,
Da Jugendfehler weniger beschämen.

Der süße Blick, von dem ich Leben habe,
Er lächelte in seiner Anmuth Fülle
So hold mir im Beginn der schönen Tage,
Daß, wie ein Mensch, dem in geheimer Stille
Von außen Hülf' erscheint bey karger Habe,
Ich weder ihm noch Andern war zur Plage.
Jetzt, wie ich drob auch klage,
Wird unbescheiden, heftig mein Bezeigen,
Dem Armen zu vergleichen,
Der, was im Glück an Andern er geschmähet,
Wohl selber oft begehet. –
Verschloß Unwille mir die Hand der Gnaden,
Muß Ohnmacht, Liebesdurst der Schuld entladen.

Versucht hab' ich's auf mehr denn tausend Wegen,
Ob außer ihm was Irdisches hienieden
Nur einen Tag mich an das Leben bände.
Die Seele, die sonst nirgend findet Frieden,
Schweift jenen Himmelsflammen nur entgegen;
Und ich, von Wachs, zum Feuer hin mich wende
Und rings die Blicke sende,

Wo mein Vergnügen unbewacht sich zeige.
Wie Vöglein auf dem Zweige,
Wo nichts er fürchtet, schneller wird gefangen,
So von den schönen Wangen
Stehl' ich jetzt einen Blick, jetzt einen zweyten,
Die beydes Nahrung mir und Gluth bereiten.

Vom Tode nähr' ich mich und leb' in Flammen,
Ein Salamander, – wunderbare Speise! –
Doch staunet nicht; es mußte so geschehen.
Ein glücklich Lamm in banger Heerden Kreise
Lag kurze Zeit ich; aber jetzt verdammen
Mich Lieb' und Schicksal, in den Tod zu gehen.
So treibt des Frühlings Wehen
Viol' und Ros', der Winter Eis und Flocken.
Drum wenn ich karge Brocken
Für's kurze Leben mir zusammenklaube,
Und spricht sie, daß ich's raube,
So sollte sie, die Reich', es wohl vergeben,
Da sie's nicht fühlt, wie Andre von ihr leben.

Ihr wißt, wovon ich Leben nur gewinne,
Seit ich zuerst das schöne Aug' ersahe,
Das Herz und Sinn mir auf der Stelle wandte.
Durchspähet Meer und Erde, fern und nahe,
Ihr kennt sie nimmer all' der Menschen Sinne.
Der nährt vom Duft sich an des Ganges Strande,
Mit Licht ernähr' und Brande
Ich meine hungrigen und matten Geister.
Amor, nicht ziemt's dem Meister,
Daß du so lang das Bess're mir entzogen.
Du hast ja Pfeil und Bogen;
Laß mich durch deine Hand den Tod erwerben;
Das ganze Leben ehrt ein schönes Sterben.

Mehr glühet Feuer in verschloss'ner Kammer,
Und wächst die Flamme, kann sie nichts mehr halten.
Aus deinen Händen, Amor, kam die Lehre.

Du sahest meiner Gluthen stilles Walten.
Mir selber ist zuwider nun mein Jammer,
Mit dem ich Nah' und Ferne gleich beschwere.
O Welt! o Wahnes Leere!
O Schicksal du! wohin wollt ihr mich ziehen?
Ihr Augen, deren Glühen
Zu fester Hoffnung mir das Herz entzündet,
Mit der es drückt und bindet
Sie, die durch euch zum Tode mich geleitet!
Die Schuld ist euer, mir die Noth bereitet!   77

So schöpf' ich Schmerzen nur aus Lieb' und Treue,
Und fleh', daß Andern sey die Schuld verziehen,
Vielmehr noch mir, da ich mein Aug' erschlossen
Dem hellen Strahl, Sirenenmelodieen
Mein Ohr ich lieh. Doch fühl' ich keine Reue,
Daß süßes Gift sich mir durch's Herz ergossen;
Nur harr' ich, bis verschossen
Den letzten Pfeil, der mir den ersten sandte.
Ja, wenn ich's recht erkannte,
Ists ein Geschenk der Gnade, bald zu enden,
Da Bess'res mir zu spenden,
Als er gewohnt, er keineswegs gesonnen.
Schön stirbt, der sterbend seinem Leid entronnen.

Canzone, von der Stelle
Nicht wank' ich; Flucht und feiger Tod entadeln;
Ja selbst muß ich mich tadeln,
Ob solcher Trauerweis', so freundlich munden
Mir Thränen, Schmerz und Wunden.
Sclaven der Liebe! all' der Erde Reiche
Haben kein Gut, das meinem Wehe gleiche.

XXI

Ich sinn' und fühl' im Sinnen mich durchdringen
Ein heftig Mitleid mit mir selbst zu Zeiten,
Das oft mich will verleiten
Zu andern Thränen, als die sonst mir kommen.
Denn täglich seh' mein End' ich näher schreiten,
Und tausendmahl wohl fleht' ich Gott um Schwingen,
Mich aus der Erde Schlingen
Empor zu tragen, jedem Weh entnommen.
Doch Alles will am Ende wenig frommen,
Gebeth und Thränen, was ich auch erkiese.
Und also muß mit Fug und Recht es gehen;
Denn wer da fällt, wo er vermag zu stehen,
Dem straucheln wohlverdient die schwanken Füße.
Die Arme voller Süße,
Auf die ich trau', seh' ich noch ausgestrecket;
Doch Andrer Beyspiel schrecket,
Und zitternd denk' ich, wie mit wirrem Spiele
Mich's treibt, der ich vielleicht so nah am Ziele.

Zum Geiste spricht und saget ein Gedanke:
»Du schwärmst! Wo meynst du Hülfe zu erlangen?
Ists, Armer, dir entgangen,
Wie deine Zeit dahin in Schande fähret?
Auf! auf! entschließ dich schnell und sonder Bangen,
Und reiß aus deinem Herzen jede Ranke
Der Lust, die nie das kranke
Gemüth beglückt, ihm alle Ruhe wehret!
Wie lang auch schon dich Ueberdruß verzehret
Des falschen Glücks, das ach! so bald geschieden,
Das trüg'risch nur die Welt dem Menschen spendet;
Was bleibt ihm deine Hoffnung zugewendet,
Das ohne Dauer ist und ohne Frieden?
So lange du hienieden,
Lenkst du des Geistes Zügel nach Gefallen.
O halt ihn fest vor allen!

Zögern – du weißt's – pflegt oft Gefahr zu spinnen,
Und nicht zu früh ist's, solches zu beginnen.

Wohl weißt du, welche Lust dein Aug' empfunden,
Als huldreich dir die Jungfrau trat entgegen,
Die, uns zu größerm Segen,
(O könnt' es seyn!) erst würde' noch geboren.
Erwäge reiflich, (und du mußt's erwägen)
Ihr Bild, wie's in dein Herz den Weg gefunden,
Das jede Flamm', entbunden
Durch andre Fackel, sicher leicht beschworen.
Sie gab die Gluth. Und wenn, darin verloren,
Du Jahre lang den Tag herbeygesehnet,
Der uns zum Heile nimmer eingetroffen,
So hebe dich zu einem sel'gern Hoffen;
Zum Himmel schau, der endlos uns geschönet
Ob deinem Haupt sich dehnet! –
Da, froh im Schmerz, dein Sehnen schon hienieden
Mit einem Wort zufrieden,
Mit einem Augenwink, mit Liebesweisen,
Wie wirst du jenseits erst dich glücklich preisen!«

Noch lebt in mir ein anderer Gedanke,
Der bittersüß mir Lust und Schmerzen reichet,
Nicht aus der Seele weichet,
Das Herz mit Sehnsucht preßt, mit Hoffnung nähret,
Der, nur des Ruhmes Glanze zugeneiget,
Nicht merkt, wie ich in Gluth und Frost erkranke,
Wie matt und bleich ich wanke,
Und, töd' ich ihn, nur stärker wiederkehret.
Seit ich der Wiege Schlummerlied gehöret,
Erwuchs mit mir gemach dies stolze Wähnen;
Ich fürcht', uns deck' einst eine Grabeshöhle.
Denn, wenn vom Körper sich getrennt die Seele,
Kann sie nicht mehr begleiten solches Sehnen.
Was Sprache der Hellenen
Und Latiums von mir, dem Todten, künde,
Es gleicht dem Hauch der Winde;

Drum möcht' ich, was ein Nu vernichtet, lassen,
Die Schatten meiden, Wahres nur umfassen.

Doch aufrecht kann sich kein Gedank' erhalten,
Beginnt ein anderer in mir zu tagen;
Denn will von *Ihr* ich sagen,
Vergess' ich mein, und Stund' an Stund' entflieget.
Zwey Augen sind's, die mich darniederschlagen,
Wenn ihres Lichtes Strahlen sich entfalten,
Und sanft am Seil mich halten,
Das nicht Gewalt, nicht Geisteskraft besieget.
Was hilft es nun, daß fest in Eins gefüget
Mein Nachen? Bleibt er doch in Klippen hangen,
Gefesselt annoch von zwey solchen Schlingen.
Du, der du mich erlöst von andern Dingen,
Die vielgestaltig sonst die Welt befangen,
Warum von meinen Wangen
Nimmst du, o Herr, nicht solches Jammers Zeichen?
Träumenden zu vergleichen,
Seh' vor den Augen ich des Todes Speere;
Gern kämpft' ich, ach! und habe keine Wehre.

Ich kenne mich; nicht Wahnes Nebel sollen
Mich täuschen; Amor nur hält mich umwunden,
Und wer sich dem verbunden,
Kann nimmer ehrenvoll der Schmach genesen.
Wohl oftmahl hab' im Herzen ich empfunden
Ein freundliches, ein finster strenges Grollen,
So mein geheimstes Wollen
Mir an die Stirne schreibt, daß All' es lesen.
»Treu zu erglühen für ein irdisch Wesen
Mit Flammen, die nur Gott allein gebühren,
Ziemt denen nimmer, so um Bess'res minnen!«
So ruft es laut in mir, vom Pfad der Sinnen
Die irrende Vernunft zurückzuführen.
Sie hört's und fühlt ein Rühren,
Und will; allein Gewohnheit führt die Zügel
Und zeigt ihr, wie im Spiegel,

Sie, die nur mich zu tödten trat in's Leben,
Weil sie sich selbst, ich ihr zu sehr ergeben.

Nicht weiß ich, ob bey meines Lebens Grauen
Der Himmel mich zu langem Kampf ersehen,
Den blutig zu bestehen
Mit meinem eignen Selbst, ich unternommen.
Auch kann den Tag, den letzten meiner Wehen,
Ich durch des Körpers Hülle nicht erschauen;
Allein ich seh' ergrauen
Mein Haar und jede Gluth in mir verglommen.
Jetzt nun, da ich ganz nach dem Ziel gekommen,
Oder doch klein der Raum, der zu ihm leitet,
Späh' ich, wie einer, den erlittner Schade
Gewitzt, umher nach jenem bessern Pfade
Zur Rechten, der zu gutem Port geleitet.
Was mir von Qual bereitet,
Und wie auch Scham und Reue mich erfassen,
Doch will mich nimmer lassen
Ein alt Gelüst, *so* durch die Zeit gestählet,
Daß es im Tod' auch noch sich mir vermählet,

So steht's mit mir! Mein Herz, Canzon', ist kälter,
Als starrgefrorner Schnee, vor bangem Zagen.
Ich seh' mich rettungslos am Abgrund schaudern,
Der um den Webbaum ich in schwankem Zaudern
Kleinen Gewebes größten Theil geschlagen.
Und nie hat wer getragen
So schwere Last, als ich in diesem Streite,
Der ich, den Tod zur Seite,
Mir neue Plane suche für mein Leben,
Dem Bessern hold, dem Schlimmern hingegeben.

82

XXII

Was soll ich thun? was, Amor, nun beginnen?
Vom Leben sollt' ich fliehen,
Und länger weilt' ich, als ich wollt', hienieden.
Madonna starb und nahm mein Herz von hinnen,
Und will ich mit ihr ziehen,
Muß enden ich dies Leben sonder Frieden,
Da nimmer mir's beschieden,
Sie hier zu sehn, und Harren nur bringt Leiden!
Seit alle meine Freuden
In Thränen mir bey ihrem Tod' zerrannen,
Zog jeder Reiz des Lebens mir von dannen.

Amor, du fühlst, – drum will mit dir ich trauern –
Wie solch Entbehren drücke!
Ich weiß, es geht mein Jammer dir zu Herzen,
Unsrer vielmehr! An *einer* Klippe Mauern
Ging unser Schiff in Stücke,
Zu gleicher Zeit erloschen unsre Kerzen.
Nie könnte meine Schmerzen
Schildern mit Wahrheit Einsicht oder Rede!
Ach, Welt! verwaist und schnöde!
Wohl wirst du lange mit mir klagen müssen,
Daß solcher Schmuck in ihr dir ward entrissen.

Dein Ruhm ist hin; doch bleibt es dir verhohlen.
Du warst, eh' sie entschwunden
Aus diesem Thal, nicht werth, von ihr zu hören,
Nicht werth des Trittes ihrer heil'gen Sohlen.
Denn, was so schön erfunden,
Den Himmel muß mit seinem Glanz es ehren.
Doch soll *ich* sie entbehren,
Ist's Leben mir, bin ich mir selbst zuwider.
Drum seufz' ich: »Kehre wieder!« –
Das blieb allein mir noch von all' dem Glücke,
Das einzig hält im Leben mich zurücke.

83

In Staub zerfielen ach! die holden Wangen,
Die von des Himmels Wonnen
Und seinem Reichthum Zeugniß uns gegeben!
Das Paradies hält ihre Seel' umfangen.
Der Schleyer ist zerronnen,
Der hier umschattete ihr Blüthenleben,
Um neu sich zu umweben
Mit ihm dereinst und nie ihn abzulegen,
Alsdann, wann sie entgegen
So schöner uns, so herrlicher wird blühen,
Als ew'ge Schönheit irdscher vorzuziehen.

Liebreizender als je und leichtern Schwebens
Tritt sie mir an die Seite;
Denn da weiß sie willkommen sich vor Allen.
Das ist die eine Säule meines Lebens.
Ihr Nahme ist die zweyte,
Deß Laute süß im Herzen wiederhallen.
Doch wenn mir beygefallen,
Daß doch der Tod nun mein lebend'ges Hoffen
Grad' in der Blüth' getroffen,
Dann weißt du, Amor, was ich hoff' und werde,
Und sie auch seh's, entrückt dem Schein der Erde.

84

Die ihr einst ihre Schönheit konntet schauen
Wie engelgleich hienieden
Sie wandelte, mit Himmelglanz umwoben,
Mir schenket euer Mitleid, holde Frauen,
Nicht *ihr,* die solchen Frieden
Erworben, mich zum Kampfe aufgehoben
So daß, wenn jener droben
Auf lang den Weg ihr nach mir abgeschnitten,
Allein noch Amors Bitten
Mich hält, daß ich den Knoten nicht zerreiße.
Doch dieser spricht zu mir in solcher Weise:

»Bewältige den Schmerz, der dich umnachtet;
Denn unbezähmter Wille

Sieht sich dem Himmel, den du suchst, entrücket,
Wo sie am Leben, die für todt geachtet,
Wo ihrer schönen Hülle
Sie lächelt und nach dir nur seufzend blicket.
Ihr Ruhm auch, den, entzücket
Durch deine Lieder, viel der Land' erheben,
Fleht: Laß mich länger leben!
Dein Wort erstark' an ihres Nahmens Feyer,
War je ihr Auge süß dir oder theuer!« –

Flieh' Mayenlust und Kränze,
Canzone, flieh, wo Singen ist und Scherzen!
Doch weile gern bey Schmerzen!
Verschlossen bleibe dir der Kreis der Freude,
Trostlose Witwe du in schwarzem Kleide.

XXIII

Willst du, daß ich dem alten Joch mich eine,
Amor, wie's scheint, mußt du wohl andre Proben,
Bevor du Herr zu loben,
Gar wunderbar' und neue erst bestehen.
Such' meinen theuren Schatz, den aufgehoben
Die Erde, daß ein Bettler ich erscheine,
Und jenes Herz, das reine,
Allwo mein Leben Wohnung sich ersehen.
Und ist es wahr, daß in des Himmels Höhen,
Wie's heißt, und in des Unterreiches Gründen
So groß dein Walten (denn bey uns wohl mögen,
Dein Können und Vermögen
Die adligen Gemüther all' empfinden),
So nimm dem Tod, was er genommen, wieder,
Und dein Panier leg' auf ihr Antlitz nieder!

Gib ihr zurück das Licht, mir einst gegeben
Zum Leitstern, und der Flammen milde Quelle,
Die nach erloschner Helle

Noch zünden; – weh, wenn ich sie leuchten sähe!
Denn nimmer mögen Hirsch je und Gazelle
Mit solchem Sehnen Quell und Fluß erstreben,
Wie ich das süße Leben,
Das Leid mir bringt in Zukunft so, als ehe, –
Wenn ich mich und mein Wollen recht verstehe,
So einzig mich beraubet meiner Sinnen,
Daß irr ich nun umher und pfadlos ziehe,
Und das mit eitler Mühe
Dem nach mich treibt, was ich nicht soll gewinnen.
Jetzt darf ich mich an deinen Ruf nicht halten;
Denn nur in deinem Reiche kannst du schalten.

86

Laß jene sanften Hauche wiederkehren
Außen, wie sie noch innen mir erklingen,
Die es vermocht, mit Singen
Zu sänftigen so Haß, als Zornes Neigen,
Das stürmische Gemüth zur Ruh zu bringen,
Den finstern, bösen Nebeln all' zu wehren,
Und meinen Sang zu Sphären
Erhoben, die er nie mehr kann erreichen.
O laß die Hoffnung dem Verlangen gleichen!
Und wann der Seele mehr der Kraft gegeben,
So gib ihr Ziel zurücke Aug' und Ohren,
Ohn' welches wie verloren
Ihr Wirken all' erscheint und todt mein Leben.
Umsonst ach! tönet über mir dein Werde,
So lang mein erstes Lieben deckt die Erde!

O laß mich wiedersehn den Blick, den schönen,
Der eine Sonne stand ob Eises Rinde,
Daß ich im Port dich finde,
Wohin mein Herz sich wandt' und nimmer kehret!
Den Bogen nimm, die goldnen Pfeil' entbinde,
Daß ich, wie sonst es war, von seinen Sehnen
Vernehm' in leisen Tönen
Das Wort, das mich, was Liebe sey, gelehret!
Die Zung' erreg', wo stündlich sich bewähret

Lockspeis' und Angel, die mich einst gefangen, –
Noch meine Lust! – Und deine Netze hülle
In blonder Locken Fülle;

Denn anderswo nicht bleibt mein Wille hangen.
Zerstreu' im Wind ihr Haar mit deinen Händen
Dran feßle mich; so kannst du Lust mir spenden

Dem Goldnetz soll dann keiner mich entziehen,
Dem kunstlos – kraus – verworrenen Geflechte,
Und keiner je mich brächte
Von ihres Blickes Gluth, des bittersüßen,
Der mehr, als Myrth' und Lorbeer, Tag und Nächte
Mein Liebesehnen grünen läßt und blühen,
Wenn kommen, wenn entfliehen
Die Zweig' im Busch, die Blumen rings auf Wiesen.
Doch nun, da sich der Tod so streng erwiesen,
Das Netz, das ich so ungern ließ, zerrissen,
Noch dir's, so lang' die Welt steht, wird gelingen,
Gleiches hervorzubringen,
Wozu versuchst du, Amor, noch dein Wissen?
Hin ist die Zeit, verwirkt hast du die Waffen,
Die ich gefürchtet. Was noch willst du schaffen?

Die Waffen waren: Augen, welche sandten
Der Flammenpfeil' unsichtbar glühe Zeichen,
Die der Vernunft nicht weichen,
Weil Menschen nichts vermögen gegen Oben;
Der Scherz; das Lächeln und das sinn'ge Schweigen;
Die zücht'ge Art; die Reden, die gewandten;
Und Worte, so, verstanden,
Gemeines Seyn zu adligem erhoben;
Der Engelblick, von Demuth zart umwoben,
Der sich bald da, bald dort so hörte rühmen;

Die Anmuth, der sie stehend, sitzend pflegte,
Daß Mancher Zweifel hegte,
Wem größres Lob von Allem möchte ziemen.
Die Wehr hat alle Herzen überwunden;
Seitdem du wehrlos, hab' ich Ruhe funden.

Die, so der Himmel deinem Reich' erkoren,
Magst du mit ein' und andrer Schling' umwinden!
Mich kann nur *eine* binden;
So will's der Himmel. Die ist nun zerstoben,
Und an der Freyheit kann ich Lust nicht finden.
Ich wein' und ruf': O Pilg'rinn hochgeboren,
Sprich, welches Gottes Zorn
Band mich zuerst, trug dich zuerst nach oben?
Gott, der so früh der Erde dich enthoben,
Hat solche Tugend und so hoh' entbunden,
Allein, um zu entzünden mein Verlangen.
Nun soll mir nimmer bangen,
Amor, vor deiner Hand, vor neuen Wunden!
Umsonst spannst du den Bogen; magst nur schießen!
Ihm schwand die Kraft bey ihrer Augen Schließen.

Der Tod entnahm mich, Amor, deinem Reiche;
Zum Himmel ging die Herrinn, mir gegeben,
Und ließ betrügt und frey zurück mein Leben.

XXIV

Als einstens ich allein am Fenster weilte,
Erschien so viel des Neuen meinen Blicken,
Daß mir von: bloßen Sehn Ermattung dräute.
Zur Rechten mir ein Wild vorüber eilte
Mit Menschenantlitz, Götter zu berücken,
Zwey Hund' ihm nach, schwarz einer, weiß der zweyte,
So ein' und andre Seite
Des edlen Wilds mit scharfem Biß zernagen,
Daß todt zur Erd' es sank nach kurzem Bangen.
Nun hält ein Stein umfangen
Die Reize all', so herbem Tod' erlagen;
Sein hartes Loos muß seufzend ich beklagen.

Danach sah' ich ein Schiff auf hohen Fluthen
Mit Segeln eitel Gold, mit seidnen Tauen,

Gezimmert ganz von Elfenbein und Eben.
Die Lüfte wehten sanft, die Wellen ruhten,
Am Himmel rings war kein Gewölk zu schauen.
Mit guter, reicher Ladung sah' ich's schweben.
Doch plötzlich ach! erheben
Sich Ostens Stürm', es brausen Luft und Wogen,
An eine Klippe sah' das Schiff ich schlagen.
O Herzleid, schwer zu tragen!
Ein Nu hatt' ihn zur Tief hinabgezogen,
Den Reichthum all', den keiner überwogen.

In einem Wäldchen schwankten hin und wieder
Geschlanken Lorbeers heil'ge Zweig' in Blüthen,
Der wie ein Baum aus Eden mich entzückte;
Aus seinem Schatten kamen süße Lieder,
Und so viel andre Lust sah' ich ihn biethen,
Daß völlig er der Erde mich entrückte.
Doch wie ich nach ihm blickte,
Sah' ich des Himmels Antlitz rings entzunden;
Ein Blitz – und von der Wurzel bis zum Kranze
Sank die beglückte Pflanze
Zerschmettert hin. Drum kann ich nicht gesunden,
Weil solcher Schatten ewig mir entschwunden.

In selbem Busch floß eine klare Quelle
Aus einem Felsen, deren süße Fluthen
Mit lieblichem Gemurmel vorwärts drangen;
An still versteckter, dunkler Schattenstelle
Nicht Ackersmann noch Hirten jemahls ruhten,
Nur Nymphen da und Musen friedlich sangen.
Da saß ich, still, befangen
In dem, was da zu hören und zu sehen,
Doch plötzlich sah' ich eine Höhle klaffen
Und mit sich abwärts raffen
So Quell als Ort. Drum will mein Herz in Wehen,
Und beym Gedanken schon in Schmerz vergehen.

Ein Phönix drauf, deß Flügel beyd' – o Neues! –
In Purpur, dessen Haupt in Golde prangte,
Als einsam er und stolz zu mir sich kehret',
Meynt' ich, ein hehr, unsterblich Wesen sey es,
Bis zum geborstnen Lorbeer er gelangte
Und jener Quelle, die der Schlund verzehret. –
Doch nichts auf Erden währet;
Denn, wie er die zerstreuten Zweig' erkannte,
Den Stamm zersplittert, trocknen Grund im Borne,
Verschwand er, als im Zorne
Gleichsam er gegen sich den Schnabel wandte.
Von Lieb' und Mitleid mir das Herz entbrannte.

Durch Wiesen ging zuletzt und Blumenauen
So zartes Mägdlein sinnend auf und nieder,
Daß sein ich denke nur mit Gluth und Beben,
Für Amor stolz, voll Demuth sonst zu schauen;
Ein weißes Kleid umwallte ihre Glieder,
Wo Schnee und Gold sich schienen zu durchweben
Nur bargen, rings umgeben
Von dunklem Nebel, sich die obern Theile.
Drauf sank von einer Schlang' am Fuß gestochen
Die Blume hin, gebrochen;
Da schied in sichrer sie und froher Eile.
Weh, nur die Klage hat auf Erden Weile!

Canzone, kannst wohl sagen:
Die sechs Gesichte haben mit Verlangen
Nach süßem Tode meinen Herrn befangen.

XXV

Ich kann nicht schweigen, und doch wird mir bange,
Die Zunge streb' entgegen meinem Wollen,
Das Ehre möchte zollen
Gern seiner Herrinn, die es hört von oben.
Wie kann ich, was aus Gottes Hand gequollen,

So lang' ich nicht von Amor Lehr' empfange,
Mit ird'scher Worte Klange,
Und das, was hohe Demuth hüllte, loben?
Dem schönen Kerker, dem sie nun enthoben,
War kurz die edle Seel' erst übergeben
Zur Zeit, als ich zuerst sie wurde innen;
Da eilt' ich schnell von hinnen,
(Es war der Lenz im Jahr und meinem Leben)
Auf jenen Wiesen Blumen rings zu pflücken,
Im Schmuck so zu gefallen ihren Blicken.

Albaster war die Mauer, Gold die Zinne,
Eburn die Thür, Saphir die Fenster, wannen
Die ersten Seufzer rannen
In's Herz und rinnen wird der letzte schwere.
92 Gerüstet zogen Amors Bothen dannen
Mit Pfeil' und Gluthen; drum erbeb' ich inne,
Führ' ich sie mir zu Sinne
Lorbeerbekränzt, als ob es jetzt noch wäre.
Inmitten ragte lichten Thrones Hehre,
Von schönem Demant fest, viereckt getrieben,
Wo schöne Herrinn saß einsamer Weile,
Vor ihr krystallne Säule,
Und jeglicher Gedanke drein geschrieben,
Durchleuchtend außen in so hellen Strahlen.
Deß froh ich ward und seufzte oftemahlen.

Gelangt zu lichter Waffen glühem Brande,
Zu grünendem Panier, dem siegesreichen,
Vor dem im Kampfe weichen
Zeus, Phöbus, Polyphem und Mavors müssen,
Wo ewig jung und frisch die Klagen steigen,
Ertrug, mir selbst zu helfen nicht im Stande,
Gehorsam ich die Bande,
Woraus zu fliehn, kein Weg mir hilft, kein Wissen.
Doch wie schon Mancher unter Thränengüssen,
Was Aug' und Herz ihm reizte, wahrgenommen,
So Jen', um derentwillen ich im Kerker,

Stehend auf einem Erker,
Die einzig war zu ihrer Zeit vollkommen,
Begann ich so verlangend anzusehen,
Daß ich mich selbst vergaß und meine Wehen.

Ich war allhier, mein Herz in Edens Lichte,
Vergessend süß all' anderer Beschwerden,
Und Marmor fühlt' ich werden
Mein Wesen vor Bewunderung und Grauen,
Als rasch ein Weib, mit muthigen Geberden,
An Jahren alt, jugendlich vom Gesichte,
Sehend, wie starr ich richte
Mein Auge unverwandt nach Stirn und Brauen,
Mir zurief: »Mir, mir wolle dich vertrauen,
Der mehr, als du vermuthest, Kraft ertheilet,
Die Leid und Freud' in einem Nu ich gebe,
Leichter als Wind hinschwebe,
Und lenk' und leite, was auf Erden weilet:
Sieh nur in jene Sonne, gleich dem Aare;
Das Ohr jedoch für meinen Spruch bewahre!«

»Am Tag', der sie gebar, standen die Sterne,
Die segensreich sich unter euch erweisen,
In hocherwählten Kreisen,
Einer dem andern liebend zugewendet;
Venus und Jupiter mit Glückverheißen
Hielten in königlicher, schöner Ferne;
Die feindlich bösen Sterne
Waren vom Himmel rings wie weggesendet.
Nie hat die Sonne schönern Tag gespendet,
So Luft als Erde jauchzten, und die Fluthen
In Meer und Strömen waren friedlich stille.
In all' der Lichter Fülle
Wollt' mir ein fernes Wölkchen nicht gemuthen,
Das, fürcht' ich, einst in Thränen sich verzehret,
Wenn Mitleid nicht den Himmel noch bekehret.«

93

»Als ein sie trat in dieses niedre Leben,
Das wahrlich werth nicht war, sie zu empfahen,
Staunten all', die sie sahen,
Wie sie, noch zart, so fromm, so voll des Süßen;
Ein Perlein weiß, von lautrem Gold umfahen,
Kriechend und schwanken Schrittes schon ließ Reben
Sie grünen, Stein' umweben
Mit frischer Klarheit, Wasser leuchten; Wiesen
Gab Glanz und Stolz mit Händchen sie und Füßen;
Mit Blumen rings die Flur ihr Auge schönte;
Ruhe geboth sie Wind' und Stürmen allen
Mit ungefügem Lallen
Der Zunge, die sich kaum der Milch entwöhnte,
Deutlich der tauben, blinden Welt zu zeigen,
Welch Himmelslicht ihr sey so früh schon eigen.«

»An Jahren so als Tugend vorgedrungen,
Ging drittem, blüh'ndem Alter sie entgegen;
Schönheit und huldreich Pflegen
Gleich herrlich sah die Sonne wohl niemahlen;
Die Augen voll von sittig frohem Regen,
Von Süß' und Lust ein jeglich Wort durchdrungen.
Und stumm sind alle Zungen,
Was dir allein von ihr bekannt, zu mahlen.
So glänzt ihr Antlitz wie von Himmelsstrahlen,
Daß euer Blick nicht kann auf ihm verziehen,
Und von dem Erdenkerker, schön und theuer,
Loht drin dir solches Feuer,
Daß Keiner je erfuhr ein süß'res Glühen.
Aber ich glaub', ihr plötzliches Entschweben
Wird dir der Grund einst seyn von bitterm Leben.« –

Sie sprach's und drehte sich auf schnellem Rade.
Auf dem sie spinnt an unserem Gewebe,
Wahre Prophetinn nahender Gefahren.
Denn ach! nach wenig Jahren
Nahm sie, um die zum Tod' ich hungrig strebe,

Mir, o Canzon', ein unbarmherzig Sterben,
Das schönern Leib nicht wußte zu erwerben.

95

XXVI

Wohl floh ich oft von meines Lebens Quelle,
Und spähte fern umher nach Land und Wogen,
Nicht meinem Wollen, meinem Stern ergeben;
Doch immer war zu der Verbannung Stelle
Erinnerung und Hoffnung mitgezogen, –
Dank dir, o Amor! – neu mich zu beleben.
Nun heb' ich ach! die Hand, zurückzugeben
Dem feindlich grausamen Geschick die Wehre,
Da von so süßer Hoffnung mich's geschieden.
Nur der Erinn'rung Frieden
Erhält mich noch; mit ihr mein Herz ich nähre,
Daß sonder Kost es sich nicht ganz verzehre.

Wie, wenn dem Läufer Nahrung auf der Reise
Gebricht, er zu langsamern Lauf gezwungen,
Weil sich die Kraft, die Schnell' ihm gab, verringet;
So auch, da meinem matten Seyn die Speise,
Die köstliche, gebricht, die der verschlungen,
Der Trauer mir, der Welt Verödung bringet,
Wird mir, was Andere mit Lust durchdringet,
Zur Last; drum muß ich hoffen und verzagen,
Des kurzen Pfades Ende nicht zu finden.
Wie Wolk' und Staub vor Winden
Flieh' ich, der Pilgerschaft mich zu entschlagen,
Und muß es seyn, will ich es gern ertragen.

Durch sie allein gefiel mir dieses Leben,
(Zum Zeugen hab' ich Amor mir erkoren)
Die als ein Stern uns beyden aufgegangen.
Doch nun der Geist, der Daseyn mir gegeben,
Gestorben hier und droben neugeboren,
Streb' ich ihm nach mit sehnendem Verlangen.

96

Wohl mag ich klagen, daß ich so befangen
In Blindheit nicht gesehen mein Verderben,
So Amor warnend unter lichten Brauen
Der Herrlichen ließ schauen.
Nun muß ich trostlos bittern Tod erwerben,
Dem selig kurz zuvor erschien das Sterben.

Den Augen, wo mein Herz gewohnt beständig,
Bis es mein hartes Schicksal draus vertrieben,
Als müßt' es ihm so reiche Wohnung neiden,
Ihnen hatt' Amor vormahls eigenhändig
Das mit des Jammers Zeichen eingeschrieben,
Was bald sich drauf bewährt, von meinen Leiden.
Da war mir süß willkommen noch das Scheiden,
Als, wenn ich starb, nicht mit mir starb mein Leben,
Mein bester Theil vielmehr noch lebt' hienieden.
Gras deckt nun meinen Frieden,
Mein Hoffen ist dem Tod zum Raub gegeben;
Ich leb'! und denk' es nimmer sonder Beben.

Wär', wo es galt, Verstand mit mir gewesen,
Und hätte andre Sehnsucht nicht behende
Von Weg mich abgelenkt zu anderm Orte,
Hätt' ich wohl auf Madonna's Stirn gelesen:
»Du bist gelangt zu deiner Freuden Ende,
Zu deines langen Jammers dunkler Pforte.«
Abwerfen konnt' ich, hört' ich selbe Worte,
Den Erdenschleyer freudig ihr zur Seiten,
Und dieses Fleisch so schwer und voll der Mühen,
Und so voraus ihr ziehen,
Den Sitz zu sehn im Himmel ihr bereiten.
Nun werd' ach! andern Haars ihr nach ich schreiten.

Siehst du, Canzon', in Liebe Einen selig,
Sprich: Stirb, weil du noch fröhlich!
Nicht Schmerz ist, sondern Flucht bey Zeiten sterben;
Wer gut es kann, soll um Verzug nicht werben.

XXVII

Als jüngst ihr Geist, mein freundlicher Gefährte,
Zu trösten mich in diesem Jammerstande
Sich nieder ließ an meines Bettes Rande
Und sich mit süßem Flüstern zu mir kehrte,
Sprach ich, dem Furcht und Lieb' am Leben zehrte:
Was führt dich, sel'ger Geist, in diese Stille? –
Und aus des Busens Hülle
Zog sie von Palm' und Lorbeer zween der Zweige,
Und sprach: »Herab ich steige
Fernher aus Empireums heil'gen Höhen
Zu dir, bloß um mit Trost dir beyzustehen.«

Demüthig dankt' ich ihr, als sie geschwiegen,
Mit Blick und Wort, und frug: »Wie hast vernommen
Mein Schicksal du? – Und sie: So mußt' es kommen;
Die Thränen, die dir nimmermehr versiegen,
Sind mit der Seufzer Wehn emporgestiegen
Zum Himmel, meinen Frieden mir zu stören.
Wie mag dir Schmerz gewähren,
Daß ich aus diesem Jammer mich begeben
Zu einem bessern Leben?
Freu'n sollt' es dich, warst du mir je gewogen,
Und hat dein Wort, dein Blick mir nicht gelogen.« –

98

Drauf ich: Mir selbst, nicht Andern gilt mein Weinen,
Der ich in Finsterniß und Leid befangen;
Ich weiß, daß du zum Himmel aufgegangen;
Nicht wahrer kann, was ich umfass', erscheinen.
Wie konnten Gott sich und Natur vereinen,
Ein Herz mit solcher Tugend zu umkleiden,
War es zu ew'gen Freuden
Für seines Wandels Treue nicht erlesen?
O du der seltnen Wesen,
Das unter uns gelebt, von Glanz umwoben,
Und plötzlich drauf zum Himmel sich erhoben!

Doch ich? was soll ich sonst, als immer klagen,
Ich, der ein Schatten, seit du mir genommen?
Wär' ich bey Wieg' und Milch doch umgekommen!
Nicht müßt' ich solcher Liebe Weh ertragen! –
Und sie: »Was frommt dein Schmerz, dein bang Verzagen?
Wie besser wär's, die Flügel auszubreiten,
Des Lebens Aermlichkeiten,
Den süßen Tand, der Erde falschen Segen
Gerecht und treu zu wägen,
Und liebtest du mich wahr, mir nachzusteigen,
Erfassend einen nur von diesen Zweigen!« –

Was künden diese Zweige hochgeschwungen?
Erwiedert' ich, vergönne mir's, zu fragen! –
»Das,« sprach sie drauf, »magst du dir selber sagen,
Deß Feder ja den einen oft besungen.
Die Palm' ist Sieg; jung hab' ich schon bezwungen
Die Welt und mich. Im Lorbeer aber grünet
Triumph, den ich verdienet,
Dank sey dem Herrn, der mir die Kraft gegeben.
Wenn Feinde sich erheben,
Fleh' ihn um Beystand nur, zu ihm dich wende,
Daß wir ihn finden, ist dein Lauf zu Ende!« –

Sind dies die Augen, die mir Sonne waren?
(So ich) die Locken, die noch jetzt mich binden
Mit goldnem Band? – »Nicht irre mit den Blinden,«
Sprach sie, »o laß du ihre Thorheit fahren!
Ein Geist wohn' ich bey frohen Himmelsscharen;
Was du begehrst, seit Jahren ist es Erde.
Nur daß dir Lind'rung werde,
Durft' ich dir so erscheinen; so gestaltet,
Ja herrlicher entfaltet
Werd' ich einst theurer, frömmer dir mich schenken,
Mein Heil zugleich mit deinem zu bedenken.« –

Ich weine und sie trocknet
Mit ihrer Hand die Augen mir, die vollen,

Und süße Seufzer quollen,
Und Worte tönten, Felsen zu bewegen;
Drauf ging sie weg, mit ihr des Traumes Segen.

XXVIII

Den alten Herrn, mir lieb so als zuwider,
Ließ ich entladen zu der Kön'ginn Sitze,
Die, thronend auf der Spitze,
Das Göttlichste und uns're höchste Tugend.
Wie Gold geläutert in des Feuers Hitze
Stell' ich mich dar; tief beugt der Schmerz mich nieder,
Angst bebt durch meine Glieder,   100
Bleich, wie in Todesfurcht, Rechtgründe suchend
Beginn' ich so: »Herrinn, in meiner Jugend
Setzt ich den Fuß in seines Reichs Umgittrung;
Drum nichts als Zorn, Erbittrung
Ward mir zu Theil, mit viel und manchen Qualen
Mußt' ich den Wahn bezahlen,
Bis die Geduld zuletzt mich ganz verlassen,
Und ich begann, das Leben selbst zu hassen.

So ging die Zeit mir hin in Flamm' und Plagen.
Wie viel ehrbare Weg' hab' ich vermieden,
Wie viel der Fest' hienieden,
Nur daß dem bösen Schmeichler ich gefalle!
Und wem ward je so schnelles Wort beschieden,
Um all' mein Weh' mit Wenigem zu sagen,
Und die gerechten Klagen
Und bittern ob den Undankbaren alle
Nicht Honig viel, mehr Aloe und Galle!
Wie lernt' ich mich durch ihn am Bittern laben
Bey falscher Süße Gaben,
Die mich zum Kreis der Liebe hingezogen! –
Wo, wenn mich nichts betrogen,
Ich hoch mich ob der Erde wollt' erheben,
Da hat er Krieg statt Frieden mir gegeben.

Er ließ an Gott mich minder liebend hangen,
Als recht, und minder mich mir selber leben;
In Wind hab' ich gegeben
Mein Denken all' im Dienste einer Frauen.
Darin war er nur Rather meinem Leben,
Und schärft' auf hartem Stein mein jung Verlangen,
Wovon Rast zu empfangen
Ich hofft' im Joch, dem grausamen und rauhen.
Weh, wozu hab' der Einsicht helles Schauen
Und Gaben mehr vom Himmel ich geerbet,
Da sich das Haar mir färbet,
Und nichts den starren Sinn kann umgestalten!
So nahm das freye Walten
Der Grausame mir ganz, den ich verklage,
Durch den ich Leid gleich süßer Lust ertrage.

Durch öde Lande zwang er mich zu schreiten,
Ließ Wild mich sehn und Räuber, Dornensträuche,
Hart Volk, harte Gebräuche,
Und was für Irrsal Wandrer sonst umziehe,
Thal, Sumpf und Meer und Strom und Bergessteige,
Viel tausend Schlingen rings nach allen Seiten,
Winter in Sommerszeiten,
Viel gegenwärt'ge Fahr und viel der Mühe.
Nicht Er, noch meine Feindinn, die ich fliehe,
Ließen allein mich wenige Secunden.
Drum, wenn mich nicht gefunden
Zu früh der herbe Tod auf meinem Pfade,
So ist's des Himmels Gnade,
Dieses Tyrannen nicht, der sich an Leiden
Und meinem Ungemach gedenkt zu weiden.

Seit Er mein Herr, hab' ich nicht Ruhe funden,
Und werd' es nie. Der Schlaf flieht meine Nächte,
Kein Zauberwort vermöchte,
Kein Kraut, ihn an mein Lager fest zu binden.
Durch Listen und Gewalt ward ihm zum Knechte
Mein Geist. Kein Glöcklein meldet rings die Stunden,

Wo ich mich auch befunden,
Ich hört' es doch. Er selbst muß wahr es finden.
Denn nie so nagt ein Wurm in morsche Rinden,
Wie der sich in mein Herz, wo er verstecket
Es mit dem Tode schrecket.
Daraus entstehen Thränen nun und Plagen,
Viel Seufzer und viel Klagen,
Die mich und wohl auch Andere beschweren.
Du kennst uns nun; laß deinen Spruch uns hören!« –

Mein Feind sprach schmähend drauf, als ich geschwiegen:
»O Donna, höre nicht den Undankbaren,
Der sich entfernt vom Wahren,
Wie dir's der andre Theil nun will entfalten.
Der Kunst ergab er sich in frühen Jahren,
Die Handel treibt mit Worten, ja mit Lügen,
Und will auch jetzt betrügen.
Der Schmach entrückt zu meinen Lustgestalten,
Verklagt er mich, der ich ihn rein erhalten
Von der Begier, die eignes Weh' erjaget,
Worüber er nun klaget
Im süßen Leben, das er Schmach geheißen.
War je sein Ruhm zu preisen,
Bin ich's der seinen Geist erhob nach oben,
Wohin er ohne mich sich nie erhoben.

Er weiß, daß ich Achill und den Atriden
Und Hannibal, der weh' that euren Landen,
Und Einen, der bestanden
Das Rühmlichste durch Glück und Selbstvertrauen,
Wie einem jeden seine Stern' es sandten,
In nied'rer Mägde Liebe gab hienieden,
Und diesem nur beschieden
Eine von tausend auserlesnen Frauen,
Wie sie nicht wieder unterm Mond zu schauen,
Wenn auch zurück nach Rom Lucretia kehrte.
So süße Rede lehrte
Ich sie, gab ihr so liebliche Gesänge,

Daß nimmer in der Länge
Vor ihr ein niedres Seyn möchte genesen.
Das sind nun meine Listen all' gewesen.

Das war denn die Erbitt'rung voll der Gallen,
Süßer als Alles, was die Andern bringen!
So böse Frücht' entspringen
Aus guter Saat im Dienst bey Undankbaren!
Ich trug empor ihn unter meinen Schwingen,
Daß Herr'n und Frauen seine Art gefallen,
Und ließ so hoch vor Allen
Ihn steigen, daß sein Nahm' in lichten Scharen
Erglänzt' und, seine Sprüche zu bewahren,
An manchem Ort sich fanden will'ge Sammler.
Der jetzt ein heis'rer Stammler
Vielleicht an Höfen wär', ein Mann der Menge,
Dem ward die Welt zu enge
Durch das, was er bey mir nur konnt' erlernen,
Oder bey ihr, die einzig unter Sternen.

Und um den größten Dienst nicht zu verschweigen,
Vom niedern Sinn hab' ich ihn fern gehalten,
Daß nie ein schlechtes Walten
Ihm ein'gen Beyfall mochte abgewinnen;
Ein schamhaft – reiner Jüngling im Verhalten
Und Denken, seit er *der* sich gab zu eigen,
Die tiefer Spuren Zeichen,
Daß er ihr glich, eindrückte seinen Sinnen.
Was Vornehm-Adliges ihm wohnet innen,
Hat er von ihr und dem verschmähten Meister,
Doch nächt'ge Lügengeister
Sind nicht so voll des Wahns, wie er erscheinet,
Der, seit wir ihm vereinet,
Bey Gott und Welt zu Gnaden aufgenommen.
Deß klagt der Stolze nun von Reu umklommen.

Auch – und vor Allem – durch des Himmels Weiten
Empor zu fliegen gab ich ihm die Schwingen

In den erschaffnen Dingen,
Die den, der sie erkennt, zum Schöpfer heben.
Denn als gefesselt seine Augen hingen
An jener seiner Hoffnung Trefflichkeiten,
Konnt' er durch Aehnlichkeiten
Der Dinge hehren Urquell leicht erstreben;
Auch hat er's oft in Versen kund gegeben.
Nun hat er aus dem Sinne mich verloren
Mit ihr, die ich erkoren
Zur Stütz' und Säule ihm.« – Da unterbreche
Ich jammernd ihn und spreche:
»Wohl wahr; doch nahm er bald, was er bescheerte.« –
Drauf Er: »Ein Andrer that's, der sie begehrte.« –

Beyde zuletzt, ich stammelnd, Er mit hohem
Und rauhem Wort, zum Thron des Rechts gewendet,
Ein jeder also endet:
»Gib, Donna, uns dein Urtheil nun zur Stunde!« –
Mit Lächeln auf dem Munde
Sie darf: »Ich hab' euch angehört mit Freuden;
Doch braucht's mehr Zeit, so Großes zu entscheiden.«

105

XXIX

O schöne Jungfrau du, im Lichtgewande,
Im Sternenkranz, so werth der höchsten Sonne,
Daß all' ihr Licht auf dich herabgeflossen,
Von dir zu reden drängt mich Liebeswonne;
Doch bringt es deine Hülfe nur zu Stande
Und deß, der sich in Lieb' auf dich ergossen!
Ihr ruf' ich, deren Huld all' die genossen,
So gläubig zu ihr riefen.
O Jungfrau, wenn dem tiefen
Jammer in Huld sich je dein Herz erschlossen,
So neige dich herab zu meinem Flehen,
Daß mir dein Beystand werde,
Obwohl ich Erde, Fürstinn du der Höhen.

O weise Jungfrau, aus dem schönen Kranze
Der heiligen und klugen Jungfrau'n eine,
Mit hell'rer Lamp' und als die Erst' erfunden!
Du fester Schild der zagenden Gemeine
Gegen des Schicksals und des Todes Lanze,
Durch den wir Rettung erst, dann Sieg gefunden!
Du Kühlung gegen Gluth, in die entbunden
Die blöden Menschen tauchen!
O Jungfrau, jene Augen,
So trauernd einst die grausam bittern Wunden
An deines Sohnes süßen Gliedern sahen,
Lenk' her nach meinem Wehe!
106 Rathlos ich stehe, Rath hier zu empfahen.

O reine Jungfrau, durch und durch voll Wahrheit,
Die du uns Licht, dem Himmel Schmuck gegeben,
Du Kind und Mutter deiner Frucht! der Erde
Ward dein und Vaters Sohn durch dich gegeben,
(Erlauchtes Gnadenfenster voller Klarheit!)
Daß in der letzten Zeit der Heiland werde.
Und unter allen Wohnungen der Erde
Warst du allein geweihet,
O Jungfrau benedeyet,
Daß Eva's Schmerz sich wieder froh geberde.
Verleih', daß seine Gnade bey mir wohne,
Du, endelos beglücket,
Und schon geschmücket mit des Himmels Krone.

O heil'ge Jungfrau, aller Gnaden Quelle,
Die du durch Demuth zu des Himmels Wonne,
Wo du mein Flehen hörst, dich aufgeschwungen!
Der Liebe Springquell und der Wahrheit Sonne,
Daß sie mit ihren Strahlen rings erhelle
Die finstre Welt, sie sind aus dir entsprungen.
Drey süße Nahmen sind in dir verschlungen:
Kind, Mutter und Verlobte.
O Jungfrau, Hochgelobte!
Des Königs Braut, der uns der Schmach entrungen,

Der Freyheit gab der Welt und Himmelsfrieden,
In dessen heil'gen Wunden
Mein Herz gesunden will und ruhn hienieden.

O einz'ge Jungfrau, einig ohn' Exempel,
Die du des Himmels Raum erfüllt mit Liebe,
Für die nicht erste sich noch zweyte findet!
Dein keusches Thun, die heilig frommen Triebe
Dem wahren Gotte haben sie zum Tempel
Den reinen jüngfräulichen Leib gegründet.
Du hast am Leben Freude mir entzündet!
Auf dein Gebeth, du Eine!
O Jungfrau, Süße, Reine!
Den größten Sünder größte Gnad' entbindet.
Zu dir erheb' ich tiefgebeugt die Hände –
O wolle mich begleiten,
Den Irren leiten zu ersehntem Ende!

O lichte Jungfrau, unvergänglich Feuer,
Du treuer Hort den treuen Schiffern allen,
Du Stern auf Meeres wild bewegter Höhe,
Sieh, wie von Stürmen furchtbar überfallen
Allein umher ich trieb' und sonder Steuer,
Und wie so nah' dem Untergang' ich stehe!
Von dir nur hofft, daß es ihm wohl ergehe,
Das sündige Gemüthe.
O Jungfrau du, verhüthe
Des Widersachers Spott ob meinem Wehe!
Gedenke, wie aus deinem Schooß geboren,
Daß er uns Retter werde,
Den Leib der Erde Gott sich auserkoren.

O Jungfrau, wie so viel hab' ich der Thränen,
Gebeth' und Schmeichelworte schon verloren,
Und Angst mir nur erworben und Beschwerden!
Seit an des Arno Strand ich ward geboren,
Umhergetrieben rings von blindem Sehnen,
War Andres nicht als Weh mein Loos auf Erden.

Sterbliche Reize haben und Geberden
Und Worte mich berücket.
108 O Jungfrau, hochbeglücket!
Dem Todesnahen komm ein Schirm zu werden!
Wohl flüchtiger sind meine Tag' als Pfeile,
Von Schmach und Sünd' umfangen
Dahingegangen, und zum Tod' ich eile.

O Jungfrau, Sie ist Staub und füllt mit Schmerzen
Mein Herz, dem lebend Thränen sie entrungen!
Sie wußte nichts von meinen tausend Plagen,
Und wußte sie es auch, was draus entsprungen,
Doch wär's geschehn. Hegt' Andres sie im Herzen,
Mir hätt' es Tod, ihr aber Schmach getragen.
Du Himmelsköniginn, und, darf ich's sagen,
Du Göttinn hocherhaben!
O Jungfrau reicher Gaben!
Du siehst es ganz. Was ich nicht durfte wagen,
Ist nichts für deine Kraft, o Tugendreiche!
Den Schmerzen gnädig wehre,
Das draus dir Ehre, Rettung mir entsteige!

O Jungfrau du, in der mir Trost erwachte,
Du kannst und willst mich meiner Noth entraffen!
Verlaß mich nicht in meinem letzten Sehnen!
Nicht mich, nur den, der mich aus Gnad' erschaffen,
Nicht meine Kraft, sein Abbild nur beachte!
Das möge mir, dem Armen, dich versöhnen.
Zum Stein schuf mich Medusa und mein Wähnen,
Daß eitle Fluth ihn tränke.
O Jungfrau du, bedenke
Mein müdes Herz mit frommen, heil'gen Thränen,
Daß mindest sich zu Gott die letzte kehre,
Dem Erdenschlamm entnommen,
109 Nicht Wahnentklommen, wie die erste Zähre.

O milde Jungfrau, Feindinn stolzer Triebe,
Gedenke des gemeinsamen Beginnes!

Schau huldreich mein zerknirschtes Herz, das schwache!
Da ich so wunderbar getreuen Sinnes
Ein Häuflein nicht'gen Erdenstaubes liebe,
Was soll ich gegen dich, so hehre Sache?
Wenn ich aus meinem Irrsal je erwache
Durch deiner Hände Walten,
O Jungfrau, dann gestalten
Sich heiliger für dich Verstand und Sprache,
So Herz als Zunge, Seufzer so als Thränen.
Führ' mich zu besserm Pfade,
Nimm an in Gnade mein verwandelt Sehnen.

Es rückt der Tag heran; bald muß er kommen;
Die Zeit enteilt und flieget.
O Jungfrau, unbesieget
Bald hält der Tod, bald Reu' mein Herz umklommen.
Befiehl mich ihm, der wahrer Mensch hienieden
Und wahrer Gott zu loben,
Daß er mich droben führe ein zum Frieden.   110

Erstes Sonett

Herrlich an mir zu üben seine Tücke,
Für tausend Frevel eine Schmach zu spenden,
Nahm seinen Bogen Amor still zu Händen,
Und Zeit und Ort ersahen seine Blicke.

Zum Herzen zog die Tugend sich zurücke,
Den Sturm aus Herz und Augen abzuwenden;
Da eilt' er, seinen Todespfeil zu senden
Dahin, wo jeder Pfeil sonst brach in Stücke.

Erschrocken drum in Kampfes erster Weile
War nicht so viel ihr Kraft noch Raum gegeben,
Zu fassen, wie es Noth ihr that, die Waffen,

Oder zu Berges mühevoller Steile
Aus tiefer Schmach behuthsam mich zu heben.
113 Wohl will sie jetzt, doch kann sie Rath nicht schaffen.

Zweytes Sonett

Am Tag', als rings die Strahlen sich der Sonnen,
Dem Schöpfer trauernd, trübten in den Höhen,
Ward ich umgarnt, und eh' ich mich's versehen,
Hielt euer Auge, Donna, mich umsponnen;

Und weil ich nicht in solcher Zeit gesonnen,
Den Kampf mit Amors Pfeilen zu bestehen,
Ging arglos ich; so haben meine Wehen
Im allgemeinen Trauern bald begonnen.

Es fand mich Amor gänzlich sonder Wehre,
Den Weg zum Herzen durch die Augen offen,
Durch deren Pforten Thränen viel gezogen;

Drum bringt es ihm auch, dünkt mich, wenig Ehre,
Daß er mich Nackten mit dem Pfeil getroffen,
Euch, der Bewehrten, kaum gezeigt den Bogen.

Drittes Sonett

Der ew'ge Vorsicht einst und Kunst entfaltet
In seines Wunderbaues lichter Hehre,
Der diese schuf und jene Hemisphäre
Und milder Jupiter als Mars gestaltet;

Auf Erden einst aus Blättern fast veraltet
Zum Lichte zog die lang verborgne Lehre,
Vom Netz Johannem zu des Himmels Ehre;
Und Petrum rief, wo er ein König waltet;

Nicht Rom hat er mit seiner Wieg' entzücket,
Judäa war's; so hat vor jedem Stande
Die Niedrigkeit zur Höh' er stets erkoren.

Auch meine Sonn' ein kleiner Flecken sandte;
Drob fühlen sich Natur und Ort beglücket,
Wo solche Schönheit ward der Welt geboren.

114

Viertes Sonett

Wenn meine Seufzer euch zu nennen steigen
Beym Nahmen, den mir Amor eingeschrieben
Ins Herz, *laut* preisend bricht der Klang der lieben
Drey ersten Laute alsobald das Schweigen;

*Re*gentinn seh' ich dann euch zu mir neigen,
Gekräftigt fühl' ich mich zum Werk getrieben;
Doch *ta*delnd muß das Ende mich betrüben:
»Schweig! Andrer ist's, die Ehr' ihr zu erzeigen!«

So muß zu loben und zu huld'gen lehren
Das Wort allein, sobald euch Einer nennet,
O aller Huld'gung Werth und aller Ehren!

Wenn nicht vielleicht Apoll in Zorn entbrennet,
Will Menschenwort zu reden sich erkühnen
Von seinem Blätterschmuck, dem ewig grünen.

Fünftes Sonett

So irrt mein thöricht Streben ab vom Wege,
Ihr, die zur Flucht sich wandte, nachzudringen,
Die leicht entfliegt und frey von Amors Schlingen,
Vor mir, der langsam nach ich zieh' und träge;

Daß, wie ich ruf' und es zum sichern Stege
Verweis', es um so minder nur zu zwingen.
Kein Sporn, kein Zügel kann zurecht es bringen,
Denn widerspenstig macht es Amors Pflege.

Und wenn's den Zügel mit Gewalt ergreifet,
So muß ich seine Herrschaft auch ertragen,
Die mich zum Tode führet wider Willen,

Dem Lorbeer bloß zu nahn, auf welchem reifet
Nur bittre Frucht, so denen, die sie brachen,
Mehr Schmerzen geben kann, als Schmerzen stillen.

115

Sechstes Sonett

Schlaf, träge Federn und des Gaumes Fröhnen,
Die Tugend haben sie der Welt genommen,
Drum ist von ihrem Lauf wie abgekommen
Unsre Natur, besiegt durch lang Verwöhnen.

Des Himmels holde Lichter, die verschönen
Des Menschen Leben, sind so ganz verglommen,
Daß wie ein Wunder es wird aufgenommen,
Will Sangesstrom vom Helikon ertönen.

»Nach Myrthen und nach Lorbeer welches Streben!
Arm mußt und nackt, Philosophie, du schreiten!«
So spricht das Volk, niederm Gewinn ergeben.

Nicht viele werden dich dorthin begleiten;
So mehr muß ich, o edler Geist, dich flehen,
Vom muthigen Beginn nicht abzustehen.

Siebentes Sonett

Am Fuß der Hügel, wo das Prachtgeschmeide
Der Erdenglieder Donna einst empfangen,
Die den vom Schlaf zu Thränen oft und Bangen
Erweckt, der uns gesandt dir zum Bescheide;

Da zogen frey wir hin in Fried' und Freude
Durch's Leben, das die Thiere all' verlangen,
Und keine Furcht je mocht' uns da befangen,
Daß irgend etwas uns den Weg verleide.

Doch haben wir in diesem Jammerstande,
Zu dem man uns geführt aus heiterm Leben,
Und für den Tod noch einen Trost gefunden;

Daß Rach' es gibt an dem, der solches sandte,
Der, nah' dem End' in fremde Hand gegeben,
Mit einer stärkern Kette steht gebunden.

116

Achtes Sonett

Wann der Planet, welcher die Stunden scheidet,
Zur Herberg' in des Stieres Zeichen rücket,
Erglüht sein Horn, und Wärme niederzücket,
Die rings die Welt mit neuer Farb' umkleidet,

Und nicht bloß das, woran sich außen weidet
Der Blick, Hügel und Strand, mit Blümlein schmücket,
Auch drin im Schooß, der keinen Tag erblicket,
In Lieb ihn schwängernd, ihre Kraft vergeudet.

Dann sammeln diese wir und andre Früchte.
Auch sie, die ich der Frauen Sonne preise,
Wenn ihrer Augen Strahlen mir erglühen,

Schafft Liebessinn in mir und Liebesweise;
Doch wie sie auch die Blicke lenk' und richte,
Mir wird kein Frühling je auf Erden blühen.

Neuntes Sonett

Glorwürd'ge Säul', o uns'rer Hoffnung Stütze,
An der empor sich Römerherzen richten,
Die nie dich trieb vom rechten Pfad' und schlichten
Jupiters Zorn durch seine Stürm' und Blitze!

Nicht Bühne, nicht Pallast, nicht Logensitze,
Statt ihrer aber Tannen, Buchen, Fichten,
Von Wies' und Berg umgränzt, wo froh im Dichten
Man aufwärts sich erhebt und klimmt zur Spitze,

Tragen den Geist hoch ob der Erde Schranken,
Und Nachtigall in dunklem Laubgeflechte,
Wenn süß sie klagt und weint durch ganze Nächte,

Schwellt uns das Herz mit liebenden Gedanken;
Du aber, Herr, verkümmerst solchen Frieden
Und kürzest ihn, der du von uns geschieden.

Zehntes Sonett

Kann sich mein Leben noch so lang' erhalten
Im Kampf mit wilden Schmerzen und mit Qualen,
Daß kraft der letzten Jahr' ich noch die Strahlen
In euren Augen, Herrinn, seh' erkalten,

Und euer Goldhaar silbern sich gestalten,
Nicht grün Gewand und Kränz euch mehr umstrahlen,
Und jene Wangen, die mein Leid zu mahlen,
Den Muth mir nahmen, bleichen und veralten;

Dann gibt wohl Amor so viel Kraft dem Herzen,
Zu sagen, wie viel Jahr' und Tag' und Stunden
Mir einst dahingegangen unter Schmerzen.

Und ist die Zeit entgegen schönem Sehnen,
Gewiß doch mindest wird für seine Wunden
Ein kleiner Balsam ihm in späten Thränen.

Eilftes Sonett

Wenn unter andern Frau'n sich eingefunden
Amor manchmahl in ihren schönen Zügen,
Wie Jed' an Reiz ihr da muß unterliegen.
So wächst das Sehnen, das mich hält umwunden.

Dann segn' ich so den Ort, als Zeit und Stunden,
Da zu so Hohem sich mein Blick verstiegen,
Und spreche: dank', o Herz, des Himmels Fügen,
Daß solcher Ehre würdig du erfunden.

Von ihr ist kommen dir ein Liebesregen,
Das, folgst du ihm, zum höchsten Gut dich leitet,
Verschmähend, was die Andern alle mögen;

Von ihr ist kommen muthiges Bewegen,
So graden Pfad zum Himmel dir bereitet;
Drum zieh' ich stolz, weil Hoffnung mich begleitet.   118

Zwölftes Sonett

Bey jedem Schritte wend' ich mich zurücke.
Mit müdem Körper, den ich kaum ertrage;
Von Eurer Luft gekräftiget dann wage
Ich weiter mich und jammre dem Geschicke.

Doch wieder denkend an verlass'nes Glücke,
An Weges Läng' und an die kurzen Tage,
Steh' bleich und halb entseelt ich still, und schlage
Zur Erde weinend nieder meine Blicke.

Dann faßt mich, während meine Thränen rinnen,
Ein Zweifel, wie die Glieder noch zu leben
Vermögen, seit der Geist dahin geschwunden.

Doch Amor spricht: Kannst du dich nicht besinnen,
Daß solches Vorrecht Liebenden gegeben,
Die aller Erdenwesenheit entbunden?

Dreyzehntes Sonett

Es zieht dahin der Alt' in Silberhaaren
Vom süßen Ort, der Ruhe gab dem Greise,
Und von den Seinen, die aus ihrem Kreise
Bekümmert lieben Vater sehen fahren.

Er schleppt die Glieder fort, die wandelbaren,
Durch seiner Lebenstage letzte Gleise,
Und hilft nach Kräften sich zum Ziel der Reise,
Vom Weg ermüdet und gebeugt von Jahren;

Um, seinem Sehnen folgend, einzuwandern
In Rom und dessen Angesicht zu sehen,
Den er im Himmel noch zu schauen glaubet.

So will ich Armer manchmahl auch erspähen,
So weit es, Donna, möglich ist, in Andern
Euch, die Ersehnte, wie Ihr lebt und leibet.

Vierzehntes Sonett

Mir träufeln bittre Thränen von den Wangen,
Angstvoll beginnt der Seufzer Sturm zu wehen,
Geschieht es, daß nach euch die Augen sehen,
Durch die allein der Welt ich bin entgangen.

Wahr ist's, es muß mein glühendes Verlangen
Vor süßem Lächeln allgemach vergehen;
Gerettet muß ich aus der Gluth erstehen,
Wenn meine Blicke forschend an euch hangen.

Doch bald zu Eis erstarren die Gedanken,
Seh' ich beym Scheiden, wie mit holder Sitte
Ihr von mir lenket meine Schicksalsterne.

Oeffnen der Liebe Schlüssel dann die Schranken,
Entflieht die Seel', und aus des Herzens Mitte
Folgt sie gedankenschwer euch in die Ferne.

Funfzehntes Sonett

Hab' ich nach jener Seite mich gewendet,
Wo sich entzündet Ihres Auges Fackel,
Bleibt in Gedanken mir die Gluth der Fackel,
Die brennend innen Theil für Theil entwendet.

Befürchtend, daß mein Herz sich von mir wendet,
Und nah das Ende sehend meiner Fackel,
Zieh' ich dahin ein Blinder sonder Fackel,
Der spurlos geht, und doch den Fuß nicht wendet.

So eil' ich hin, dem Tode zu entrinnen,
Doch nicht so schnellen Laufs, daß nicht die Wünsche
Mir folgten, die mich immerdar begleiten.

Stumm geh' ich; denn ich weiß, es würden rinnen
Dem todten Wort viel Zähren, und ich wünsche,
Daß meine Thränen nur alleine gleiten.

120

Sechszehntes Sonett

Der Thiere gibt's, die nach des Lichtes Quelle
Mit stolzen Blicken schau'n und nicht erblinden,
Und andre, die, weil Schmerz sie drob empfinden,
Hervor nur Abends gehn aus dunkler Stelle;

Noch andre meynen, in der Flammen Helle,
Von irrem Wahn getrieben, Lust zu finden;
Doch zeigt sich bald ein Zweytes – daß sie zünden.
Weh mir, daß ich den Letzten mich geselle!

Weh! daß ich nicht im Lichte auszuharren
Vermag, der Herrinn, nicht mich zu umbauen
Mit Finsterniß, noch harren nächt'ger Weile!

Mich treibet mein Geschick, mit feuchten, starren
Und blöden Augen stets nach ihr zu schauen;
Ich folg' und weiß, daß in die Flamm' ich eile.

Siebenzehntes Sonett

Erröthend, Herrinn, daß noch keine Zeile
Von eurem Reiz gesungen meine Lieder,
Denk' ich, wie ich zuerst euch sahe, wieder,
Daß keine Andre je mir Lust ertheile;

Doch find' ein Werk ich, nicht für meine Feile,
Und eine Last, zu schwer für meine Glieder;
Dann sinkt gelähmt des Geistes Kraft danieder,
Daß, solches fühlend, schnell vom Werk ich eile.

Wohl oft schon wollt ich dieses Schweigen brechen,
Da blieb in tiefer Brust die Stimme hangen;
Hat doch kein Laut je solche Höh' errungen!

Wohl oft begann in Versen ich zu sprechen;
Doch wie auch Feder, Hand und Einsicht rangen,
Beym ersten Anlauf waren sie bezwungen.

121

Achtzehntes Sonett

Wohl tausendmahl, o süße Kriegerinne,
Daß ich mit euren Augen hätte Frieden,
Both ich mein Herz euch; doch ihr habt gemieden
Des Niedern Anblick stets mit stolzem Sinne.

Wie eine Andr' um seine Huld auch minne,
Nur schwacher Hoffnung Schein ist ihr beschieden;
Mein altes Seyn, dieweil mir stört den Frieden,
Was euch verhaßt, ich nie zurückgewinne.

Vertreib' ich's nun, und findet's keine Gnade
Bey euch in der Verbannung herben Leiden,
Kann es nicht einsam, noch bey Andern leben;

Wohl leicht da käm' es ab vom rechten Pfade!
Und welche Schuld dann lastet' auf uns beyden,
So mehr auf euch, je mehr es euch ergeben.

Neunzehntes Sonett

Hätte der edle Baum, welcher beschwichtet
Des Himmels Zorn, wenn Jovis Donner zücket,
Mir nicht den Kranz verweigert, welcher schmücket
Den, der in rechten Weisen schreibt und dichtet,

Wär' ich auch Euren Göttinnen verpflichtet,
Auf die die Welt verachtend niederblicket;
Doch jenes Unrecht hat mich fern entrücket
Von ihr, die ersten Oehlbaum aufgerichtet.

Denn so kann nicht der Staub Aethiopiens sieden
Im ärgsten Sonnenbrande, wie ich glühe,
Daß um so theure Hab' ich bin gekommen.

Sucht ruhigeren Bronnen drum hienieden;
Meinem ist alle Feuchtigkeit genommen,
Außer nur die, so ich in Thränen sprühe.

122

Zwanzigstes Sonett

Es klagt' Amor und ich mit ihm der Schickung,
Davon *mein* Schritt sich niemahls fern gehalten
Sehend durch fremd- und grausame Gewalten
Frey Euren Geist von fesselnder Umstrickung.

Nun Gott gewandt zum Pfad ihn der Beglückung,
Heb' ich empor mein Herz mit Händefalten,
Dem dankend, der mit gnädiglichem Walten
Rechtem Gebeth schenkt des Gehörs Erquickung.

Und wenn, zurückgekehrt zum Liebeleben,
Euch abzuwenden von dem schönen Neigen,
Ihr Ström' und Berge fandet auf dem Wege,

War's, daß Ihr seht, wie dornenvoll die Stege,
Und wie so rauh und steil das Aufwärtssteigen,
Das uns zur rechten Stärke muß erheben.

Ein und zwanzigstes Sonett

Nicht sieht sich fröhlicher, als ich, am Lande
Ein Schiff, von Fluth geängstet und bezwungen,
Wenn sich das Volk, von Andacht fromm durchdrungen,
Zu danken niederwirft am sichern Strande;

Nicht froher sieht erlöset sich der Bande,
Dem rings ein Seil den Nacken hielt umschlungen,
Als ich, der jenes Schwert ich seh' entrungen,
Das meinem Herrn so lange Fehde sandte.

Und die in Versen ihr die Lieb' erhoben,
Reichet der Liebessprüche gutem Meister,
Der früher irrte, die verdienten Ehren;

Denn größre Freude ist im Himmel droben
Ob eines Sünders reuiges Bekehren,
123 Denn über neun und neunzig fromme Geister.

Zwey und zwanzigstes Sonett

Der Erbe Carols, dessen Locken schmücket
Des Ahnherrn Krone, eilt sich zu bewehren,
Um Babylon die Hörner zu zerstören
Und jedem, der das Schwert für selbes zücket;

Und Christi Stellvertreter an sich schicket,
Mit Schlüsseln und Talar daheim zu kehren,
Daß bald er, wenn nicht andre Ding' es wehren,
Bologna und das edle Rom erblicket.

Euer sanftmüthig, zartes Lamm, zur Erde
Wirft es die stolzen Wölfe, und so werde
Es jedem, der rechtmäß'ger Lieb' entsäget.

Drum tröstet's, daß die Hülfe noch vertaget,
Und Rom auch, das ob seinem Bräut'gam klaget,
Und gürtet euch für Jesus mit dem Schwerte!

Drey und zwanzigstes Sonett

Die edle Seele, die so früh von hinnen
Entflieht, gerufen zu dem andern Leben,
Wird dort ihr der verdiente Lohn gegeben,
Des Himmels besten Theil muß sie gewinnen.

Wenn sie bey Mars und Venus mitten innen
Sich stellt, wird dunkel sich die Sonn' umweben;
Denn sel'ge Geister werden um sie schweben,
Und huld'gend ihrer ew'gen Schönheit sinnen.

Wenn sie den vierten Kreis zum Sitz empfangen,
Wird den drey ersten bald der Glanz entweichen,
Und sie nur wird so Ruhm als Preis erlangen;

Zum fünften Kreise würde sie nicht steigen;
Doch weiß ich, daß, wenn höher sie gegangen,
Mit Jupiter all' andre Stern' erbleichen.

124

Vier und zwanzigstes Sonett

Je mehr dem letzten Tage naht mein Leben,
Der alle Schmach der Erde nimmt von hinnen,
So schneller seh' die Zeit ich ab sich spinnen,
So trügerischer meiner Hoffnung Weben.

Zum Herzen sprech' ich da: Nicht Vieles eben
Wird mehr zu reden seyn von süßem Minnen;
Die schwere Erdenbürde will zerrinnen,
Wie frischer Schnee, das wird uns Frieden geben.

Mit ihr wird jede Hoffnung auch vergehen,
Die irr' uns hat geführet schon so lange,
Und Lachen, Weinen, Furcht und Zornes Toben.

Dann werden klar wir sehn, wie oft durch Wehen
Der Mensch sich zu dem Besseren erhoben,
Und wie so oft es ihm vergeblich bange.

Fünf und zwanzigstes Sonett

Schon stand der Liebe Stern in Ostens Zinnen,
Der andre, gegen den in Zorn sich wandte
Juno vordem, an Nordens fernem Rande,
Ließ seine Strahlen hell und leuchtend rinnen;

Vom Lager hob sich Mütterchen zum Spinnen,
Blies barfuß, gürtellos die Gluth zum Brande;
Die Stund' erschien, so Thränen immer sandte,
Stört trennend sie der Liebe traulich Minnen;

Als meine Lust, der fast der Docht verglommen,
Zum Herzen kam, nicht auf gewohnten Wegen,
Den schlafumgossenen und thränenfeuchten.

Ach! wie so anders trat sie mir entgegen!
Und sprach: »Was hat den Glauben dir genommen?
Dir werden ferner diese Augen leuchten.«

Sechs und zwanzigstes Sonett

Apollo, wenn noch lebt dein schön Verlangen,
So dich entzündet an Thessaliens Wogen,
Wenn blonden Haares, dem du einst gewogen,
Du noch gedenkst, ob Jahre schon vergangen;

Von träger Kält', Unwetters rauhem Bangen,
Das wehrt, so lang dein Angesicht umzogen,
Schütze der hehren, heil'gen Zweige Bogen,
Die dich zuerst und mich darauf gefangen.

Ich fleh' bey deiner Liebeshoffnung Freuden,
Die dich erhalten in dem herben Leben,
Laß länger nicht die Luft verderblich wehen.

Dann werden voll Verwunderung wir sehen
Sitzen im Gras die Herrinn von uns Beyden,
Und selbst mit ihrem Arm sich Schatten geben.

Sieben und zwanzigstes Sonett

Einsam und sinnend zieh' ich durch die Lande,
Die ödesten, mit langsam trägem Schritte,
Und ringsum schweift zur Flucht mein Blick, wo Tritte
Der Menschen irgendwo zu sehn im Sande.

Nicht bin ich sonst zu schützen mich im Stande
Vor dem, was in der Späher Kreis ich litte,
Weil meines Wandels freudelose Sitte
Nach außen Kunde gibt vom innern Brande;

So daß ich glaub', es kennen die Gefilde,
Strom, Berg' und Wälder meines Lebens Schwäche,
Die vor der Menschen Augen ich versteckte.

Doch weiß ich nicht so rauhe Pfad' und wilde
Zu suchen, welche Amor nicht entdeckte,
Daß ich mit ihm, er sich mit mir bespreche.

126

Acht und zwanzigstes Sonett

Glaubt' ich, es würde mich der Tod entladen
Der Liebespein, die mich zu Boden schläget,
Mit eigner Hand hätt' ich ins Grab geleget
Längst diese Last, die Glieder schmerzbeladen;

Doch weil ich fürchte, daß auf seinen Pfaden
Auch Leid um Leid und Krieg um Krieg sich reget,
Steh' ich im Furth, der keinen Ausgang heget,
Müd' in der Mitt' und mag hindurch nicht waden.

Wohl wär' es Zeit, daß endlich nun entglitte
Der letzte Pfeil dem unbarmherz'gen Bogen,
In Andrer Blut getaucht schon und getränket.

Darum ich Amor und den Tauben bitte,
Ihn, der mit seiner Blässe mich umzogen,
Und mich hinweg zu rufen nicht gedenket.

Neun und zwanzigstes Sonett

Orso, nie schmerzen so mich See und Flüsse,
Nicht so das Meer, wohin die Bäch' entweichen,
Nicht Schatten so von Mauer, Berg' und Zweigen,
Nicht Wolkenhimmel so noch Regengüsse,

Und wie sie heißen all' die Hindernisse,
Die bergend vor der Menschen Blicken steigen, –
Wie ob den Augen jenes Schleyers Neigen,
Der mich zu Thränen ruft und Kümmernisse.

Und der gesenkte Blick, der alle Freude
Aus Demuth oder Stolz mir kehrt in Trauer,
Ist Schuld, daß ich zu früh von hinnen scheide.

Auch eine weiße Hand kränkt, die mit schlauer
Gewandtheit immerdar zu meinem Leide
127 Vor'm Auge steht gleich einer Felsenmauer.

Dreyßigstes Sonett

Ich fürchte so der schönen Augen Pfeile,
Worin der Tod wohnt bey der Liebe Lichte,
Daß ich wie vor der Ruth' ein Kind mich flüchte,
Und ersten Sprung that vor geraumer Weile.

Von nun an gibt es nicht so jähe Steile,
Wohin mein Wille nicht empor sich richte,
Zu meiden, was die Sinne mir vernichte
Und kalten Steines Härte mir ertheile.

Drum wenn ich Euch zu sehn, mich ungern wandte,
Um nicht zu nahen dem, was mich verzehret,
Wär's Fehler wohl, nicht unwerth der Entschuld'gung;

Daß aber ich mich wieder umgekehret,
Und aus dem Herzen solche Furcht entsandte,
Waren nicht kleine Pfänder meiner Huld'gung.

Ein und dreyßigstes Sonett

Wenn Lieb' und Tod nicht hindern das Gelingen
Neuen Gewebes, so ich jetzt beginne,
Und ich dem zähen Vogelleim entrinne,
Werd' ich ein zwiefach Seyn ins Eins verschlingen,

Und schön vielleicht ein Doppelwerk vollbringen
Bey neu und altem Style mitten inne,
Daß (Schauder faßt bey solchem Wort die Sinne,)
Sein Brausen bis zu dir nach Rom wird dringen.

Nun aber, da mir fehlt, das Werk zu enden,
Etwas von den gebenedeyten Fäden,
Die halfen jenem meinem lieben Vater;

Warum empfang' ich nichts von deinen Händen,
Die sonst so mild? O sey du mir Berather,
Und keimen wirst du sehn viel holde Reben.   128

Zwey und dreyßigstes Sonett

Wenn seinem Heimathland der Baum entfliehet,
Den Phöbus liebt' in menschlicher Gestaltung,
Dann seufzt und schwitzt Vulkan in Mühewaltung,
Indem er Jovis herbe Pfeile glühet,

Der Donner bringt und Schnee, und Regen sprühet,
Nicht Cäsar mehr noch Janus ehrt. Der Spaltung
Weint rings das Land, Sol steht in ferner Haltung,
Weil anderwärts er die Geliebte siehet.

Mars und Saturn dann neuen Muth entbinden,
Grausame Stern'; Orion bricht den bangen
Piloten feindlich Steuer so als Taue.

Aeol läßt Juno und Neptun empfinden
Und uns in Zorn, daß sich zu ferner Aue
Gewandt der Engel Lust, die schönen Wangen.

Drey und dreyßigstes Sonett

Doch nun ihr süß demüthig Lächeln blühet,
Nicht mehr verwehrt der seltnen Reiz' Entfaltung,
Hebt seinen Arm zu eitler Mühewaltung
Der Alte, dem Siciliens Esse sprühet;

Denn Zeus gab seine Waffen hin, geglühet
Zu festem Halt tief unter Aetna's Waldung;
Auch seiner Schwester finstere Gestaltung
Vor Phöbus Blicken allgemach entfliehet.

Das Abendland regt sich von lauen Winden,
Zum Ruder greift der Schiffer sonder Bangen,
Und Blum' und Gras erblüht auf jeder Aue.

Die bösen Sterne allerorts entschwinden,
Damit das schöne Auge sie nicht schaue,
129 Für das schon viel der Thränen untergangen.

Vier und dreyßigstes Sonett

Neun Tage schon vom hohen Söller siehet
Und forscht Apoll mit eitler Mühewaltung
Nach ihr, die einst ihn, sorglos der Erhaltung,
Zu Seufzern trieb und Andre nun durchglühet.

Er sucht und weiß es nicht, ob nah sie blühet,
Oder ob fern in dunkeler Entfaltung.
Nun gleicht er dem an schreckender Gestaltung,
Den Schmerz berückt, weil das Geliebt' entfliehet. –

So stand er trauernd hinter Wolkengründen,
Sah nicht das Antlitz kehren, dessen Prangen
Ich tausend Blättern – leb' ich – anvertraue.

Vor Gram ließ so verwandelt er sich finden,
Daß Thränen aus dem schönen Auge drangen,
Weshalb die Luft ich noch verfinstert schaue.

Fünf und dreyßigstes Sonett

Der in Thessalien einst es konnte wagen,
Mit Bürgerblute rings das Land zu färben,
Weint', als von seines Tochtermannes Sterben
Des Hauptes wohlbekannte Züg' ihm sagen;

Und jener Hirt, der Goliath erschlagen,
Seufzt der Empörung seines Sohns und Erben,
Und weint dem Tode Sauls, dem schmachvoll herben;
Drob wohl ein stolzer Berg mag bitter klagen.

Doch ihr, die Mitleid nimmermehr bezwungen,
Die Waff' und Schirm ihr immer habt bereitet
Für Amors Bogen, der vergebens zielet;

Ihr seht von Todesfahren mich umrungen,
Und keine Thräne eurem Aug' entgleitet,
Nur Zorn und Unmuth drinnen leuchtend spielet. 130

Sechs und dreyßigstes Sonett

Mein Feind, wo eure Augen ihr erblicket,
Denen Amor und Himmel gibt die Ehre,
Hat euch durch überirdisch freundlich-hehre,
Nicht aber seine Reiz', in Lieb' entzücket.

Auf seinen Rath habt, Donna, ihr entrücket
Mich meiner süßen Wohnung! Thränenschwere
Verbannung! Obwohl nimmer werth ich wäre,
Zu wohnen da, wo sich's für euch nur schicket.

Doch weil ich da verniethet und versenket,
Sollt' euch der Spiegel nicht zu meinem Leide
So rauh und stolz erziehn in eitlem Ruhme;

Zumahl wenn an Narcissus ihr gedenket.
Zu einem Ziele gehn die Wege beyde;
Obwohl das Gras unwürdig solcher Blume.

Sieben und dreyßigstes Sonett

Gold, Perlen, Blumen, roth und weiß, verbunden,
Die bleichen sollten in des Winters Tagen,
Für mich wie Dornen starr und giftig ragen,
Ich fühl's an meines Herzens tiefen Wunden.

Drum hoff' ich wen'ge thränenvolle Stunden;
Denn großer Schmerz kann nicht von Alter sagen! –
Doch mehr den bösen Spiegeln muß ich klagen,
Die des Liebäugelns schon zu viel empfunden.

Sie haben Schweigen meinem Herrn gebothen,
Der für mich sprach: Er schwieg, seit er vernommen,
Wie in euch selbst sich eure Lust beschränket.

Gefertigt wurden sie am Fluß der Todten,
Mit ewiger Vergessenheit getränket,
Von wannen meines Todes Anfang kommen.

131

Acht und dreyßigstes Sonett

Ich sah, wie drin die Kraft sich schon verliere
Der Geister, die von Euch ihr Seyn empfingen,
Und weil aus anerschaffnem Triebe ringen
Gegen den Tod alle der Erde Thiere,

Ließ ich das Sehnen, so ich stark regiere,
Frey nach dem fast verlornen Wege dringen;
Wohl Tag und Nacht will es Euch nach mich zwingen,
Und wider Willen ich es anders führe.

Es leitete mich schamhaft und verdrossen
Zu sehn der Augen holdes Paar, vor denen
Ich, sie zu schonen, meinen Blick verschlossen.

Nun werd' ich wohl noch eine Zeitlang leben, –
Ein einz'ger Blick von Euch kann solches geben,–
Ich sterbe, folg' ich nicht mehr meinem Sehnen.

Neun und dreyßigstes Sonett

Wenn irgend Gluth in Gluthen nicht verschwindet,
Und nimmermehr ein Strom durch Regen treuget,
Vielmehr durch Gleiches Alles wächst und steiget,
Ja oft ein Gegentheil das andr' entzündet;

Warum, Amor, der unsern Geist entbindet,
Dem *eine* Seel' in *zwey* Körpern sich neiget,
Hast du so neuer Art in ihr gezeiget,
Wie *vieles* Wollen *schwächeres* begründet?

Dem Nilstrom gleich, der, stürzend von den Höhen,
Laut tosend rings betäubt die Nachbarleute,
Wie Sonnenstrahlen starres Auge blenden;

So muß die Sehnsucht, mit sich selbst im Streite,
Vor zu allmächt'gem Gegenstand vergehen,
Und spät die Fahrt durch zu viel Spornen enden.

132

Vierzigstes Sonett

Wohl hab' ich dich, so weit ich es im Stande,
Vor Lüge stets bewahrt und hoch geehret,
Treulose Zung', hast aber nie gewähret
Mir Ehre drob, vielmehr wohl Zorn und Schande;

Denn wenn ich mich nach deiner Hülfe wandte,
Zu flehn um Gnade, hast du stets bewähret
Am kältsten dich, und wird ein Wort gehöret,
Hallt es nur schwach, wie aus der Träume Lande.

Und ihr, o Thränen, weilet alle Nächte
Bey mir, wenn gern allein ich bleiben möchte,
Und dann vor meinem Frieden ihr entfliehet.

Und ihr, freygebig stets mit Angst und Schmerzen,
O Seufzer, langsam und gebrochen ziehet;
Nur mein Gesicht schweigt nicht von meinem Herzen.

Ein und vierzigstes Sonett

Nicht viel mehr durfte meinen Augen nahen
Das Licht, das schon von ferne sie versehret,
So hätt' ich mich verwandelt und verkehret,
Wie *sie* Thessalier einst verwandelt sahen.

Und kann ich nicht *ihre* Gestalt empfahen,
Mehr' als ich's thu', wenn's auch die Huld nicht mehret,
Würd' ich fürwahr noch heute, deß belehret,
Zu rauhstem Stein, den Blick von Ernst umfahen,

Zu Demant, oder Marmors lichter Weiße
Vielleicht aus Furcht, oder zu Jaspis werden,
Von Geiz und Wahn geschätzt zu hohem Preise;

Und frey würd' ich vom Joche der Beschwerden.
Darum ich neide jenen Altersmatten,
133   Deß Schultern Maroccanerland beschatten.

Zwey und vierzigstes Sonett

Wenn ich mit Blindheit, die das Herz versehret,
Die Stunden zählend, mich nicht selbst betrogen,
So flieht die Zeit, dieweil mein Sprechen währet,
Die mir zum Lohn Verheißung zugewogen.

Welch böser Schatten hat die Saat verzehret,
Von der ich bald mir theure Frucht erzogen?
Welch Wild ist's, so durch meine Hürde fähret?
Welche Wand zwischen Aehr' und Hand gezogen?

Nicht weiß ich's, ach! das aber ward ich inne,
Daß, um mein Leben mehr mir zu verleiden,
Amor mich führt' in solcher Hoffnung Freuden.

Und nun steht, was ich las, mir vor dem Sinne:
»Daß keiner, sich vor seinem letzten Scheiden
Glücklich zu preisen, je das Recht gewinne.«

Drey und vierzigstes Sonett

Langsam und träge kommt mein Glück zur Stelle,
Die Hoffnung schwankt, es wächset das Verlangen,
Verdruß weckt ewig Harren mir und Bangen, –
Träg kam's, und flieht mit mehr denn Tigerschnelle.

Ach! lau und schwarz wird eh' des Schnees Helle,
Fluthlos das Meer, der Fisch auf Alpen hangen,
Und Sonne sinken, wo hervorgegangen
Tigris und Phrat aus ein' und selber Quelle,

Bevor ich Fried' und Waffenruh' gefunden,
Und Sie und Amor andre Sitt' erwerben,
Die mir zum Unheil sich verschworen haben.

Und Süßigkeit kommt nach so viel des Herben
Erst, wann vor Ekel der Geschmack entschwunden;
Sonst widerfährt mir nichts von ihren Gaben.   134

Vier und vierzigstes Sonett

Die Wangen, die dem Weinen längst erliegen,
Laßt, lieber Herr, sich auf das *Eine* neigen;
Seyd mit Euch karger dem, der, die ihm eigen,
Streng zu entfärben, findet ein Vergnügen.

In linker Hand das *Zweyte,* schließt den Zügen
Der Bothen ihr den Weg, so ihm ersteigen,
Die gleich im Jänner und August Euch zeigen,
Weil langem Weg die Zeit nicht will genügen.

Und einen Kräutersaft trinkt mit dem *Dritten,*
Der Alles, was das Herz betrübt, zerstreue,
Am Ende süß, im Anfang schwer gelitten.

Mich stellt dahin, wo Freude wohnt inmitten,
Daß ich den Steuermann des Styx nicht scheue,
Wenn nicht zu übermüthig solch' ein Bitten.

Fünf und vierzigstes Sonett

Der edle Baum, dem treu ich angehangen,
So lang mir Zorn nicht rauscht' in seinen Zweigen,
Ließ blühn mein schwach Gemüth und wachsend steigen
Sein herbes Weh, von Schattennacht umfangen.

Drauf, als ich mich nicht wähnte hintergangen,
Und ihm statt Süße Herbe ward zu eigen,
Da wandte sich nach *einem* Ziel mein Neigen,
Zu sprechen nur von reinem Leid und Bangen.

Was soll nun sagen, der in Liebeswonne
Erseufzt, wenn Hoffnung meine neuen Lieder
Ihm gaben, die nunmehr ihm dieses raubet? –

»Kein Dichter pflücke je von ihm, nie wieder
Leih Zeus ein Recht ihm, feind ihm sey die Sonne,
135   Daß er vertrocknet dasteh' und entlaubet!«

Sechs und vierzigstes Sonett

Gesegnet sey mir Jahr und Tag empfangen,
Und Mond und Jahreszeit, Minut' und Stunden,
Das schöne Land, der Ort, wo mich gefunden
Die schönen Augen, welche mich gefangen!

Gesegnet sey das erste süße Bangen,
Mit dem ich einst an Amor mich verbunden,
Und Pfeil und Bogen, die mir schlugen Wunden,
Und Wunden, die zuletzt zum Herzen drangen!

Gesegnet alle Worte auch, mit denen
Ich meiner Herrinn Nahmen rings geehret!
Und alle Seufzer, alle Wünsch' und Thränen!

Gesegnet alle Blätter, die gemehret
Je ihren Ruhm! gesegnet all' mein Sehnen,
Das ihr nur, keiner Andern angehöret!

Sieben und vierzigstes Sonett

Vater der Höhn, nach manch verlornem Tage,
Nach Nächten voller Thorheit hingegangen,
Im Herzen drin ein glühend wild Verlangen,
Sehend so zierlich Wesen mir zur Plage;

Gib nun, daß ich mit deinem Licht mich schlage
Auf bessern Pfad, zu schönerm Unterfangen,
Daß, der umsonst die Netze ausgehangen,
Mein harter Feind, sich schämend drob beklage.

Das eilfte Jahr bereits hinab sich senket,
Mein Herr, seit ich dem harten Joch ergeben.
Das die Ergebensten am meisten kränket.

Wend' ab von mir, ach! was ich nicht verschuldet,
Führe den irren Geist zu besserm Leben,
Erinnr' ihn, wie du heut am Kreuz geduldet!

136

Acht und vierzigstes Sonett

Vermöchtet ihr, durch abgewandte Schritte,
Die mehr als andre schnell zur Flucht sich lenken,
Durch Hauptes Neigen und der Augen Senken,
Verachtend die bescheidne, fromme Bitte,

Euch wegzustehlen aus des Herzens Mitte,
Worein Amor der Zweige mehr zu senken
Vom ersten Lorbeer pflegt; – ich würde denken,
Wohl übt mit Recht ihr Zornes strenge Sitte.

Denn zarte Pflanz' ist nimmer wohl geborgen
In heißem Boden; darum mag sie gerne
Sich ihm entreißen und von dannen eilen.

Doch weil das Schicksal euch's verbothen, ferne
Davon zu bleiben, mögt ihr mindest sorgen,
Nicht an *verhaßtem* Orte stets zu weilen.

Neun und vierzigstes Sonett

Weh mir, der ich einst schlecht mich vorgesehen
Am Tag', als Amor kam, mich zu bekriegen,
Der Schritt für Schritt zum Herrn emporgestiegen
Von meinem Leben und besetzt die Höhen!

Ich glaubt', es könne nimmermehr geschehen,
Nie könne seiner Feile je erliegen
Gestählten Herzens Kraft, und so versiegen;
So pflegt's dem, der sich überschätzt, zu gehen!

Alle Vertheid'gung kommt von jetzt zu späte,
Als, zu versuchen, ob Amor bemerke
Mehr oder minder sterbliche Gebethe.

Nicht bitt' ich jetzt, noch wär' es an der Stelle,
Daß sich mein Herz entzünd' in mäß'ger Stärke,
Doch wohl, daß *ihr* ein Theil der Gluth auch quelle.

Fünfzigstes Sonett

Am linken Strand Tyrrhener-Meeres drüben.
Allwo die Fluth erseufzt, in Wind zerstoben,
Sah plötzlich jenen Zweig ich hoch erhoben,
Von dem mit Recht manch' Blatt ich voll geschrieben.

Zu denken da des blonden Haars der Lieben
Trieb Amor mich, der drin begann zu toben.
So in den Fluß, den Gräser überwoben,
Sah ich mich, einem Todten gleich, getrieben.

Da einsam zwischen Busch und Höhn verloren,
Fühlt' ich Beschämung, die dem adelsvollen
Herzen genügt; nicht braucht's da andrer Sporen.

Mich freut es mindest, daß vertauscht die Rollen
Augen und Fuß, da, weil *der* feucht ist, jenen
Ein milderer April trocknet die Thränen.

Ein und fünfzigstes Sonett

Der Anblick eures Lands, des benedeyten,
Regt Seufzer ob vergangnen Wehes innen,
»Auf! Armer!« rufend, »was ist dein Beginnen?«
Und zeigt den Weg mir zu des Himmels Weiten.

Doch hebt mit dem ein Andres an zu streiten
Und spricht: »Warum gedenkst du zu entrinnen?
Erinn're dich, es eilt die Zeit von hinnen,
Zu kehren heim an unsrer Herrinn Seiten.«

Ich, der ich dann solch Reden wohl verstehe,
Erstarre drin, gleich dem, der eine Kunde
Plötzlich vernimmt von einem großen Wehe.

Dann kehrt das Erste und es flieht das Zweyte;
Wer sieg'? Ich weiß es nicht; doch bis zur Stunde
Lagen sie, und nicht einmahl nur, im Streite.

138

Zwey und fünfzigstes Sonett

Ich weiß, daß, wie sich Menschensinne brüsten,
Sie, Amor, doch nichts gegen dich vermögen;
So viel Meinwort' und Schlingen allerwegen
Hab' ich erfahren, so viel arge Listen.

Doch (was mich wundert) in den letzten Fristen –
Ich red' als Einer, dem daran gelegen,
Und hab's bemerkt dort auf den salz'gen Wegen
Bey Elba's, Giglio's und Toscana's Küsten –

Floh ich vor deiner Hand, mich zu ermannen;
Allseits verfolgt von Himmel, Sturm und Wogen,
Zog unbekannt und pilgernd ich von dannen,

Als deiner Diener Schar (weiß nicht von wannen)
Mir zu beweisen kam, gleich sey betrogen,
Wer mit dem Glück kämpft, wer sich ihm entzogen.

Drey und fünfzigstes Sonett

Müde bin ich, zu denken, wie ich's trage.
Daß mein Gedank' an Euch nicht zu ermüden,
Und wie ich noch vom Leben nicht geschieden,
Um zu entfliehn der Seufzer schwerer Plage;

Und wie, daß ich von Wang' und Locken sage
Und von der Augen vielbesprochnem Frieden,
Mir Ton und Sprache nimmer fehlt' hienieden,
Verkündend Euren Ruhm bey Nacht und Tage;

Und wie im Fuß noch Kraft und Lust sich rege,
Da so viel Schritt' ich machte sonder Frommen
Zu folgen Eurer Spur auf jedem Stege;

Und wo ich her Tint' und Papier genommen,
So voll von Euch. War ich auf falschem Wege,
Von Amor, nicht vom Ungeschick, ist's kommen.

Vier und fünfzigstes Sonett

Die schönen Augen, die mich also trafen,
Daß sie nur selber heilen meine Wunde,
Nicht aber Kraft des Krauts, nicht Zauberkunde,
Nicht Steine, die in Meerestiefen schlafen,

Verschlossen mir all' andrer Liebe Hafen,
Daß nur Ein süßes Bild sänftigt zur Stunde;
Und wenn die Zunge folgt mit ihm im Bunde,
Darf Spott nur den *Begleiter, sie* nicht strafen.

Die schönen Augen sind's, die allerwegen
Was da mein Herr beginnt, lassen gelingen,
Vor allem, wenn es gilt, mein Herz zu brechen.

Die schönen Augen sind's, die mir durchdringen
Immer das Herz mit lichter Funken Regen,
Daß ich nie müde bin, davon zu sprechen.

Fünf und fünfzigstes Sonett

Amor mit seiner Worte Schmeichelklingen
Zog mich zurück zu alten Kerkers Thüren;
Die Schlüssel mußte meine Feindinn führen,
Die aus mir selber mich heraus will zwingen.

Ich merkt' es nicht ach! bis in ihren Schlingen
Ich lag. Viel Arbeit mußt ich nun erküren,
(Wer glaubt's, erhärtet' ich es auch mit Schwüren?)
Zur Freyheit seufzend mich empor zu ringen.

Und ganz wie ein Gefangner trag' in Schmerzen
Zu großem Theil ich meiner Ketten Schwere,
Und Stirn und Aug' erzählt, was drin im Herzen.

Und wenn du meine Farbe wolltest sehen,
Du sagtest: »Wenn ich's recht seh' und erkläre,
Der hat nicht weit zum Tode mehr zu gehen!«

140

Sechs und fünfzigstes Sonett

Nicht Polyklet nach jahrelangem Spähen
Und All', die mit ihm gleiche Höh' erklommen,
Nicht hätten sie das Kleinste wahrgenommen
Der Schönheit, die mein Herz erfüllt mit Wehen.

Mein *Simon* aber war in Himmelshöhen,
Von wo die hohe Donna hergekommen;
Da hat er ihre Züge aufgenommen,
Daß wir hier unten auch ihr Antlitz sähen.

Für die gut, so im Himmel solches Leben
Begreifen können; nicht, wo Erdenglieder
Mit ihrem Schleyer rings die Seel' umfahen.

Was er da gab, nicht konnt' er mehr es geben,
Als er empfunden Kält' und Wärme wieder,
Und seine Augen Sterbliches nur sahen.

Sieben und fünfzigstes Sonett

Als Simon hohem Werke sich ergeben,
Das ihm für mich den Griffel dargereichet,
Hätt' er dem schönen Bilde, das mir schweiget,
Verstand verliehen und der Rede Leben,

Viel Seufzer würd' er mir vom Herzen heben,
Durch die mir klein, was Andern werth, sich zeiget.
Wie so voll Demuth sich ihr Auge neiget,
Als wollt' es Frieden mir und Freude geben!

Doch wenn mit ihr zu sprechen ich begonnen,
Scheint sie mir wohl ein freundlich Ohr zu leihen;
Nur daß sie zögert mit der Antwort Gaben.

Pygmalion, wie mußtest du dich freuen
Des Bildes, der du tausendmahl gewonnen,
141 Was ich ein einzig Mahl nur möchte haben!

Acht und fünfzigstes Sonett

Entspricht so End' als Mitte dem Beginnen
Vierzehnten Jahres, seit mich Weh umfangen,
Kann mir kein Schatten Kühlung mehr gewinnen,
So fühl' ich wachsen drin mein heiß Verlangen.

Amor, der ohne Maß mir waltet drinnen,
In dessen Joch der Odem mir vergangen,
Nahm mehr als halb mein Wesen mir von hinnen
Durch Augen, die mir schmerzlich aufgegangen.

So zehr' ich täglich mehr mich ab und schwinde
So leis' und still, daß *ich* es nur erfahre,
Und *Sie,* die sehend mir das Herz zertheilet.

Kaum daß ich noch die Seele drin gewahre,
Noch weiß, wie lang sie Wohnung bey mir finde;
Denn näher kommt der Tod, das Leben eilet.

Neun und fünfzigstes Sonett

Ich bin so müde unterm Druck der Sünden,
Dem alten, und der schuldbefangnen Weise,
Daß ich zu irren fürcht' einmahl vom Gleise,
Und mich in Widersachers Hand zu finden.

Wohl kam ein großer Freund, mich zu entwinden
Durch höchste Huld, die nie ich sattsam preise
Drauf flog er schnell aus meiner Augen Kreise,
Daß ich umsonst umschau', ihn zu erkünden.

Doch tönet laut noch seines Worts Verkünd'gung:
»Belad'ne ihr, seht da aus dem Bedrängniß
Den Pfad! Kommt her, wenn euch kein Andrer zügelt!«

O welche Gnad' und Liebe, welch' Verhängniß
Gibt Taubenschwinge mir, die aus Versünd'gung
Zur Ruh' empor mich von der Erden flügelt!   142

Sechszigstes Sonett

Nie war ich, Donna, müd', um euch zu minnen,
Noch werd' ich's seyn, weil ich am Leben bleibe;
Vom eignen Haß doch nun an's Land ich treibe,
Und Unlust bringt der Thränen endlos Rinnen.

Will lieber mir ein schön, weiß Grab gewinnen,
Als daß zur Schmach man Euren Nahmen schreibe
Auf Marmor mir, wann frey der Geist vom Leibe,
Der wohl nunmehr ihm länger wohnet innen.

Drum, kann ein Herz, in Lieb' und Treu' erfahren,
Euch, ohn' ihm Marter zu bereiten, gnügen,
Laßt diesem Eure Gnade widerfahren!

Meynt Euer Zorn auf andre Art zu siegen, –
Er irrt, und wird nie, was er denkt, gewahren;
Das dank' ich mir und, Amor, deinem Fügen!

Ein und sechszigstes Sonett

Eh' beyde Schläfe sich nicht weiß gestalten,
Welche die Zeit entfärbet in der Länge,
Bin ich gefährdet, ob ich schon mich dränge
Hin, wo den Bogen Amor lässet walten.

Doch soll er mich nicht martern mehr, noch halten,
Wie Vogelleim er auch umher noch sprenge,
Noch mir das Herz, trotz äußrer Wunden Menge
Mit seinen grausam gift'gen Pfeilen spalten.

Nicht können aus den Augen mehr die Zähren;
Doch wissen sie den Weg, bis da zu dringen,
Daß nichts so leicht vermag, sie abzuwehren.

Wohl mag der heiße Strahl mir Wärme bringen;
Doch brenn' ich nicht. Es kann den Schlaf mir stören
143 Ihr grausam Bild, doch nie ihn ganz bezwingen.

Zwey und sechszigstes Sonett

DICHTER. Ihr Augen, weinet, wie das Herz euch lehret,
  So mittelst euch den Tod davon getragen.
AUGEN. So thun wir stets; doch ziemet uns zu klagen
  Mehr fremden Wahn, als der uns selbst bethöret.

DICHTER. Früh habt den Eingang Amorn ihr gewähret,
  Wo noch er seine Herberg' aufgeschlagen.
AUGEN. Durch jene Hoffnung konnten wir es wagen,
  Die er im Herzen, das nun stirbt, genähret.

DICHTER. Nicht kann, wie euch bedünkt, die Ausflucht gelten,
  Weil ihr euch gleich beym frühesten Erscheinen
  Auf sein und euer Weh so karg erwiesen,

AUGEN. Das ist's, was wir vor Allem nun beweinen,
  Daß die vollkomm'nen Richter also selten,
144 Und daß für fremde Schulden Fremde büßen.

Drey und sechszigstes Sonett

Stets lieb ich ihn und mag wohl jetzt noch lieben,
Und werde lieben mehr von Tag zu Tagen
Den *süßen Ort,* wohin ich oft mit Klagen
Kehrte, wenn Amor sann, mich zu betrüben;

Und bin entschlossen, *Stund'* und *Zeit* zu lieben,
Da jeder eiteln Sorg' ich mich entschlagen,
Mehr *Sie* noch, die mit freundlichem Betragen
Mich durch ihr Beyspiel lehrte Gutes üben.

Doch wer gedacht', auf einmahl zu gewahren,
Mein Herz bald da, bald dorten zu bekriegen,
Die süßen Feind' all', die so lieb mir waren?

Amor, mit welcher Kraft weißt du zu siegen!
Und wüchse nicht die Hoffnung mit dem Streben,
Ich stürbe, wo ich länger möchte leben.

Vier und sechszigstes Sonett

Ich werde immerdar das Fenster hassen,
Wo Amor tausend Pfeile schon entgegen
Mir sandte, weil nicht alle tödten mögen;
Denn schön wohl ist's, im Glücke zu erblassen.

Daß mich der Erde Kerker noch umfassen,
Muß ach! ein endlos Wehe mir erregen,
So größer, weil ich's ewig werde hegen,
Wenn nicht vom Herzen will die Seele lassen.

Die Arme, ach! die jetzo sollte wissen
Durch lang Erfahren, wie kein menschlich Walten
Die Zeit zu lenken weiß, noch aufzuhalten.

Wohl oft mit solchem Wort ich zu ihr flehte:
»Geh traurig dannen; denn es gehn zu späte,
Die lang bereits die heitrern Tage missen.«

Fünf und sechszigstes Sonett

Gleichwie ein guter Schütz, so bald er schießet,
Aus weiter Ferne schon vermag zu sehen,
Welcher von seinen Schüssen zu verschmähen,
Welcher das Ziel mit sicherm Flug begrüßet;

So saht auch, Herrinn, ihr, als ihr entließet
Den Pfeil aus eurem Aug', er werde gehen
Mir grad' ins Innerste. Ob solcher Wehen
Das Herz in ew'gen Thränen sich ergießet.

Und sicher bin ich, daß ihr spracht damahlen:
»Der Arme! wie's die Sehnsucht ihm beflügelt!
Sieh da den Pfeil, der ihm den Tod muß geben!« –

Ich sehe jetzo, wie der Schmerz mich zügelt;
Und was auch meine Feinde mir noch weben,
Zum Tod ist's nicht, doch wohl zu größern Qualen.

Sechs und sechszigstes Sonett

Da nicht sobald mein Hoffen zu erreichen,
Und so behend das Leben dannen gehet,
Wollt' ich, ich hätte bess're Zeit erspähet,
Schneller, als im Galoppflug zu entweichen.

Nun muß gelähmt ich und ermattet schleichen
Vom Ort, nach dem mich Sehnsucht hingedrehet, –
Wohl sicher nun; doch im Gesicht noch stehet
Der liebenden Begegnung altes Zeichen.

Drum rath ich euch, die ihr noch Wandersleute,
Lenkt ein! Und ihr, die Lieb' entzündet innen,
O wartet nicht, bis letzte Gluthen schmerzen!

Denn leb' ich auch, doch Tausend nicht entrinnen.
Wohl stand auch meiner Feindinn Kraft zur Seite;
Doch sah ich sie verwundet tief im Herzen.

Sieben und sechszigstes Sonett

Entflohn der Haft, wo Amor lang' in Mauern
Mich hielt, mir, was ihm dünkte, zuzufügen,
O Frauen, lange Zeit nicht würde gnügen,
Zu melden euch der neuen Freyheit Trauern.

Mein Herz sprach, keinen Tag lang' könn' es dauern
Für sich, und drauf erschien, mich zu betrügen,
Jener Verräther, so verlarvt mit Lügen,
Um Klügere wohl täuschend zu belauern.

Zurück drum mußt' ich seufzen oft und sprechen:
»Ach, süßer waren Joch, Fußblöck' und Banden
Mir, als zu wandeln frey so und entbunden!

Weh mir, daß ich so spät mein Weh verstanden!
Und wie so schwer nun wird es mir, zu brechen
Des Irrthums Kette, die ich selbst gewunden!«

Acht und sechszigstes Sonett

Zerstreut im Wind die goldnen Locken waren,
Zu tausend süßen Knoten aufgewunden,
Und mildes Licht ward ohne Maß entbunden
In Augen, die damit so karg nun sparen.

Und Mitleid schien ihr Blick zu offenbaren;
Ich weiß nicht, ob ich's wahr, ob falsch erfunden.
Der Liebeszunder drinnen ich empfunden, –
Was Wunder, wenn ich schnelle Gluth erfahren?

Ihr Gang war nicht, wie andre Erdensache,
Sondern von Engelart, und ihrem Munde
Entstiegen Worte, nicht wie Menschensprache;

Ein Himmelsgeist, ein Bild lebend'ger Sonnen
War, was ich sah. Und war' es auch zerronnen;
Ob schwächern Bogens heilet keine Wunde.

147

Neun und sechszigstes Sonett

Die schöne Donna, der mit treuem Minnen
Du zugethan, ist schnell von uns geschieden,
Gestiegen, hoff' ich, zu des Himmels Frieden;
So süß, so lieblich war ihr Thun und Sinnen.

Zeit ist's, die Schlüssel wieder zu gewinnen
Zum Herzen dein, die sie besaß hienieden,
Und graden Pfads zu folgen ihr. Ermüden
Mag fürder dich kein irdisches Beginnen.

Nun du erlediget der größern Mühen,
Kannst leicht du von dir werfen all' die andern,
Und als ein led'ger Pilgrim weiter ziehen.

Wohl siehst du nun, wie alles, was geboren,
Zum Tod' enteilt, wie zu den finstern Thoren
Der Seel' es Noth thut frey und leicht zu wandern.

Siebenzigstes Sonett

Klagt Frau'n und Amor klag' in euren Chören,
Klagt, Liebende, ihr auch in allen Landen;
Denn todt ist jener, der so ganz verstanden,
Euch, weil er lebt' auf Erden, hoch zu ehren.

Auch mir soll nicht mein herber Schmerz verwehren,
Daß meine Thränen fließen los der Banden;
Er sey mit so viel Seufzern mir zu Handen,
Als nöthig sind, das volle Herz zu leeren.

Die Reim' auch mögen klagen und Gesänge,
Weil unser Messer *Cino*, lieberkoren,
In dieser letzten Zeit von uns gegangen!

Pistoja klag' und die verkehrte Menge,
Welche so süßen Nachbar nun verloren!
Der Himmel freue sich, der ihn empfangen!

Ein und siebenzigstes Sonett

Amor sprach oft zu mir: »Schreib eigenhändig,
Was du gesehn, schreib' es in goldnen Zeichen,
Wie meine Jünger all' ich lass' erbleichen,
Und augenblicks sie todt mach' und lebendig.

Das ward dir einst wohl selber klar inwendig;
Ein Beyspiel warst du allen, die dir gleichen;
Dann ließ dich Andres meiner Hand entweichen;
Doch wie du flöhst, dich stets ja wieder fänd' ich.

Und wenn die Augen, die mich einst dir zeigten,
Wo ich zu süßer Wohnung eingezogen,
Bekämpfend deines Herzens Widerstreben,

Auf's Neu mir reichen den allmächt'gen Bogen,
Wird manchmahl wohl dein Antlitz sich befeuchten;
Denn nur von Thränen, weißt du, zehrt mein Leben.«

Zwey und siebenzigstes Sonett

Wann durch das Aug' in Herzens Grund gestiegen
Ein waltend Bild, kein anderes da weilet,
Und alle Kräfte, so die Seel' austheilet,
Lassen als todte Last die Glieder liegen:

Dann pflegt an erstes Wunder sich zu fügen
Ein zweytes. Wann der flücht'ge Theil enteilet
Aus sich, wird ihm ein Plätzchen zugetheilet,
Wo Rach' ihm wird und in dem Bann Vergnügen.

Alsdann gleich Todten zwey Gesicht' erbleichen,
Dieweil die Kraft, so Lebensfarbe hegte,
Nirgend mehr da, wo sie vorher sich regte.

Das war's, was damahls mir den Geist bewegte,
Als an zwey Liebenden der Wandlung Zeichen
Ich sah, und werden sie zu meines Gleichen.

Drey und siebenzigstes Sonett

Konnt' ich so gut in Lieder übertragen
Mein Denken, wie ich's trag im Herzen drinnen,
Nirgends wär' Einer von so harten Sinnen,
Daß er nicht sollt' aus Mitleid mich beklagen.

Doch sel'ge Augen ihr, die mir geschlagen
Die Wunde, der nicht Helm noch Schild entrinnen,
Ihr seht mich nackt von außen und von innen;
Wenn sich die Wort' auch meinem Schmerz versagen,

Seit auf mich niederleuchtet Euer Sehen,
Gleichwie im Glas der Sonne Strahlen glühen;
Weshalb die Sehnsucht ohne Wort genüget.

Weh, Petrus schadete nicht, noch Marien
Der Glaube, der nur mich so schwer bekrieget!
Ich weiß, daß Ihr allein mich könnt verstehen.

Vier und siebenzigstes Sonett

Ich bin des Harrens nun so müd', umrungen
Von all des Wehs endlos feindsel'ger Nähe,
Daß Hoffnungen und Wünsch' ich all' verschmähe
Und jede Fessel, die mein Herz umschlungen.

Doch hat das schöne Antlitz mich bezwungen,
Das ich gemahlt im Herzen trag' und sehe,
Wohin ich schau; drum zu dem alten Wehe
Fühl' ich mich wider Willen hingedrungen.

Da irrt' ich, als der Freyheit alt Geleise
Mir abgeschnitten war und rings entschwunden;
Denn Heil nicht bringt, was sich das Aug' erwählet.

Da rann in's Unglück frey und ungebunden
Die Seele, die nach fremder Macht Geheiße
150 Nun ziehen muß, weil einmahl sie gefehlet.

Fünf und siebenzigstes Sonett

Du hast, ach schöne Freyheit, mir beym Scheiden
Gewiesen, wie so selig war mein Leben
Damahls, eh' mir der erste Pfeil gegeben
Die Wund', an der ich immer werde leiden.

Den Augen ward ihr Weh damahls zu Freuden;
Nichts hilft mehr des Verstandes Widerstreben,
Weil sie verachten alles ird'sche Weben.
Dazu gewöhnt' ich ach! gleich früh die Beyden.

Ich darf, wer meines Todes nicht gedenket,
Nicht hören, und nur ihres Nahmens Süße,
Des lieblich tönenden, ruf' ich den Lüften.

Nach andrer Seit' Amor mich nimmer lenket,
Und keinen andern Weg kennen die Füße,
Noch weiß die Hand, wen sonst sie lob' in Schriften.

Sechs und siebenzigstes Sonett

Orso, wohl kann man Eurem Roß anlegen
Zaum und Gebiß, so ab vom Lauf es kehret;
Allein das Herz? Wer bindet's, wenn geehret
Es sich begehrt und haßt, wer ihm entgegen? –

Klagt nicht! Es raubet keiner ihm deswegen
Den Werth, weil Euch das Gehen ist verwehret;
Denn, wie der öffentliche Ruf uns lehret,
Ist's da bereits, wie Andr' auch eilen mögen.

Wenn auf dem Kampfplatz nur zu rechten Zeiten
Es ein sich stellt von Waff' und Wehr umfangen,
Die Alter, Tugend, Lieb' und Blut gegeben,

Rufend: »Mich treibt ein adelig Verlangen
Nebst meinem Herrn, der mich nicht kann begleiten,
Und sich verzehrt, daß er muß ferne leben!«

Sieben und siebenzigstes Sonett

Da Euch und mir so oft es sich erwiesen,
Wie unsre Hoffnung immerdar nur trüget;
Erhebt zum höchsten Gut, so stets genüget,
Das Herz, ein froher Daseyn zu begrüßen.

Dies Erdenleben gleichet einer Wiesen,
Allwo die Schlang' in Gras und Blumen lieget;
Und wenn das Aug' ein Anblick je vergnüget,
Ist's, um den Geist nur fester zu umschließen.

Ihr drum, die Ruh' und Frieden wollt erkaufen
Eurem Gemüthe vor den letzten Tagen,
Folgt Wenigen und nicht dem großen Haufen.

»Bruder, du zeigst« – wird freylich Mancher sagen –
»Den Weg, von dem du selbst dich oft verlaufen,
Von dem du weiter jetzt, als je, verschlagen.«

Acht und siebenzigstes Sonett

Das *Fenster*, das, so oft's ihr will behagen,
Die eine Sonn', um Mittag andre spüret,
Und *jenes*, das, von kaltem Wehn gerühret,
Bey kurzem Tag des Nordes Flügel schlagen;

Der *Stein*, wo still versenkt bey langen Tagen
Madonna mit sich selbst Gespräche führet,
Und all' die *Orte*, die ihr Fuß berühret,
Die ihrer Schönheit Schatten je getragen;

Der böse *Pfad*, wo Amor mich gefunden,
Der *Lenz*, der, wie die Jahre dannen gehen,
Mir bis auf heut' auffrischt die alten Wunden,

Der *Blick* und all' die *Worte*, die mir stehen
Tief eingegraben in des Herzens Gründen,
Lassen mein Auge Lust an Thränen finden.

152

Neun und siebenzigstes Sonett

Wohl weiß ich, daß zum Raube wir gegeben
Ihm, der verzeihend nimmer ward erfunden,
Und daß, bevor wir's ahndten, uns entschwunden
Die Welt und wen'ge Zeit in Treu' ergeben;

Daß klein der Lohn für langes Kummerleben.
Schon dröhnt in's Herz die letzte mir der Stunden;
Doch läßt mich Amor immerdar gebunden,
Will nach wie vor der Augen Zins erheben.

Ich weiß, wie Tage, Stunden, Augenblicke
Die Jahr' entführen; und nicht Zaubersäfte
Noch Trug erfahr' ich, nein viel bess're Kräfte.

Seit zweymahl sieben Jahren sich bekriegen
Vernunft und Lust; doch wird das Bess're siegen,
Weiß anders hier der Geist von künft'gem Glücke.

Achtzigstes Sonett

Cäsar, als in Egyptenland des bösen
Verräthers Hand das theure Haupt ihm brachte,
Die Freude bergend, die in ihm erwachte,
Ließ außen Thränen blicken, wie wir lesen;

Und *Hannibal,* zum Untergang erlesen,
Als ihm so lästig sich das Schicksal machte,
Inmitten all' der Jammernden er lachte,
Verhehlend seines Unmuths herbes Wesen.

So kommt es, daß ihr Fürchten und ihr Hoffen
Die Herzen unterm Gegentheil verdecken,
Mit dem Gesicht, bald ernst, bald guter Dinge.

Drum wenn ich einmahl lache oder singe,
Thu' ich's, weil nur der Eine Weg mir offen,
Mein ängstlich Jammern drinnen zu verstecken.

Ein und achtzigstes Sonett

Hannibal siegt' und wußt' auf Sieges Höhe
Nicht klüglich, wie er sollte, fortzubauen;
Drum mögt ihr, theurer Herr, wohl um euch schauen
Und sorgen, daß nicht Gleiches euch geschehe.

Die wüth'ge Bärinn, die in blut'ger Nähe
Mayatzung fand mit ihrer Brut, der rauhen,
Zernagt sich innen, härtet Zähn' und Klauen,
An uns zu rächen all' ihr Leid und Wehe.

Drum weil die neuen Schmerzen Furcht ihr schufen,
Legt nicht von euch das hohe Schwert der Ehren;
Folget vielmehr dahin, wohin euch rufen

Des Schicksals Stimmen, auf geraden Wegen,
Die nach dem Tod' euch können noch gewähren
Viel tausend Jahr' auf Erden Ruhm und Segen.

Zwey und achtzigstes Sonett

Das in euch Blüthen trieb, der Tugend Weben,
Als Amor euch zu Kämpfen rief und Schlachten,
Bringt Frucht nun, jenen Blüthen gleich zu achten,
Und, was ich freudig hoffte, tritt in's Leben.

Drum heischt mein Herz, in Schriften zu erheben
Dinge, die euren Nahmen werther machten;
Denn kein Gestein, kein Marmorblock der Schachten
Ist fest genug, ein langes Seyn zu geben.

Meynt ihr, Cäsar, Marcellus, Paulus wären
Und Scipio Africanus noch bey Allen
Durch Ambos oder Hammer so in Ehren?

O, mein Pandolfo, diese Werke fallen
Gemach; uns aber ist das Loos gefallen,
154 Unsterblichkeit durch Ruhm uns zu gewähren!

Drey und achtzigstes Sonett

Kein Heil umher, wohin mein Blick sich wendet!
So langen Augenkrieg ich schon erfahre!
Weh mir! Es wird der Schmerz, der unzähmbare,
Das Herz zerstören, dessen Kampf nicht endet!

Fliehn möcht' ich; doch der Strahl, den Amor sendet,
Den Tag und Nacht im Herzen ich bewahre,
Glänzt noch so hell, daß im fünfzehnten Jahre
Er mehr, als an dem ersten Tag, mich blendet.

Sein Wiederschein, so aller Orten funkelt,
Das rings ich sehen muß, wohin ich blicke,
Dies Licht, oder ein andres, das ihm gleiche.

Von *einem* Lorbeer solche Waldung dunkelt,
Daß mein Erbfeind mit seltner Kunst Geschicke
Mich irr, wohin er will, führt durch's Gesträuche.

Vier und achtzigstes Sonett

Du glücklichste von allen Erdenstellen,
Wo Amor ich einst stille sahe stehen
Und jene frommen Lichter nach mir drehen,
Die um sich her im Kreis die Luft erhellen!

Wohl eher möchte in der Zeiten Wellen
Ein Bildniß fest von Diamant zergehen,
Bevor mir aus dem Sinn die Reiz' entflöhen,
Die in Erinn'rung noch das Herz mir schwellen.

Und nimmer, nimmer werd' ich dich erblicken,
Ohne nach jenen Spuren mich zu bücken
Vom schönen Fuß in holden Kreises Mitte.

Doch, wacht Amor in tapferem Gemüthe,
Und siehst du Freund Sennuccio, o dann bitte,
Daß er ein Thränlein, einen Seufzer biethe.

Fünf und achtzigstes Sonett

So oft, ach! Amor Krieg mir zugedachte,
(Wohl täglich tausendmahl hab' ich's empfunden!)
Kehrt' ich, wo sich der Funken Licht entbunden,
Das meines Herzens Gluth unsterblich machte.

Da find' ich Ruh', der ich es dahin brachte,
Daß Morgens, Mittags und in Abendstunden
So ruhig jen' und ich so mild erfunden,
Daß ich nichts Andres denke noch beachte.

Der sanfte Hauch, den lichtes Antlitz heget
Und sendet mit dem Laut verständ'ger Worte,
Daß heitre Lust er breitet, wo er wehe, –

Ein holder Geist aus Paradieses Höhe, –
Scheint immer mich zu stärken an dem Orte,
Daß nirgend sonst das müde Herz mehr schläget.

Sechs und achtzigstes Sonett

Verfolgt von Amor nach bekannten Weiten,
Wie Einer, den ein naher Krieg erschrecket,
Der klug die Pfade rings sperrt und verstecket,
Stand ich, bewehrt mit Bildern alter Zeiten,

Und sahe einen Schatten, den zur Seiten
Die Sonne warf und an der Erd' entdecket
Ich sie, die, wenn kein Truggebild mich necket,
Mehr werth war, mit Unsterblichen zu schreiten.

Ich sprach: »Mein Herz, was soll dein Grausenkünden?«
Doch kaum war der Gedanke mir gekommen,
Als Strahlen, mir verderblich, niederglommen.

Wie Blitz und Donner sich zugleich entbinden,
So nahte mir ein süßer Gruß zusammen
Mit zweyer schönen Augen lichten Flammen.

156

Sieben und achtzigstes Sonett

Sie war mir, die mein Herz trägt in den Blicken,
Da, wo ich liebesinnend saß, erschienen;
Vom Sitz da sprang mit scheuen, bleichen Mienen
Ich auf, ihr meine Ehrfurcht auszudrücken.

Mein Leid durchschauend, ließ sie mich erblicken
So neue, seltne Farben, daß mit ihnen
Sie Jovis Zorn in größter Wuth versühnen
Und seiner Hand die Waffen konnt' entrücken.

Zusammen bebt' ich da, und auf dem Wege
Fortschreitend sprach sie, daß ich kaum ertragen
Ihr Wort und ihrer Augen süßes Tagen.

Nun wohnt so viele Freude mir im Herzen,
Wenn solchen Grußes Segen ich erwäge,
Daß nichts mich schmerzt, noch jemahls könnte schmerzen.

Acht und achtzigstes Sonett

So will ich denn, *Sennuccio,* dir entfalten
Die Kunde meines Lebens, meiner Wehen: –
Noch glüh' ich und vergeh', wie sonst geschehen,
Mich lenket Laura; doch es bleibt beym Alten.

Demüthig bald, bald stolz ist ihr Verlangen,
Bald rauh, bald mild, bald bös, bald fromm zu sehen;
Bald seh ich ehrbar sie, bald liebreich stehen,
Bald sanft, bald wild und zorniglich sie walten.

Hier sang sie süß, und setzte dort sich nieder;
Hier wandt' sie um, dort hielt im Gang sie innen;
Schlug mit dem Aug' hier meinem Herzen Wunden;

Sprach da ein Wörtchen, lächelte dort wieder,
Verfärbte hier sich. Ach, in solchem Sinnen
Hält Amor, unser Herr, mich stets gebunden.

157

Neun und achtzigstes Sonett

Hier, mein Sennucio, wo zur Hälft' ich weile,
(O wär' ich ganz und Jahr vergnügt zu finden!)
Bin ich vor Ungewitter und vor Winden,
Die plötzlich tobten, hergeflohn in Eile.

Vernehmet hier, wo Schutz mir ward zu Theile,
Warum nicht mehr mich schreckt der Blitze Zünden;
Warum besänftigt nicht in Herzens Gründen
Die Gluth, geschweig' erstickt, zum kleinsten Theile.

Gelangt kaum zu der Liebe Königssitze,
Wo Laura einst, die Reine, ward geboren,
So Stürme zähmt, Gesetze gibt dem Blitze,

Hat Amor, wo sie waltet, mir im Herzen
Die Flamm' entzündet und die Furcht beschworen.
Was thät' ich, säh ich ihrer Augen Kerzen?

Neunzigstes Sonett

Aus gottvergess'nem Babylon, von wannen
Die Scham entflohn und alles Segens Keime,
Heimath der Schmerzen, Mutter eitler Träume,
Mußt' ich mich, wollt' ich leben, selbst verbannen.

Hier steh' ich einsam, und, wie Amor dannen
Mich lenkt und leitet, samml' ich Vers' und Reime
Und Blüth' und Kraut, sprechend mit mir, und träume
Von bess'rer Zeit. Nur *das* kann mich ermannen.

Nicht frag' ich viel nach Volk und Glückes Scheine,
Noch nach mir selbst, noch andrem eiteln Dinge,
Nicht drin noch draußen ich viel Wärm' empfinde.

Nur zweye suchend, wollt' ich, daß die *Eine*
Für mich ein friedlich duldsam Herz empfinge,
Der *Andr'* auf festem Fuß, wie ehe, stünde.

158

Ein und neunzigstes Sonett

Zwischen zwey Liebenden sah eine Hehre,
Ehrbare Frau, bey ihr den Herrn ich stehen,
Der so auf Erden herrscht, als in den Höhen,
Hier ich, jenseits die Sonn' in ihrer Hehre.

Umschlossen sich erkennend von der Sphäre
Des schönern Freund's, sah ich sie froh sich drehen
Nach meinem Aug'. O könnt ich es erflehen,
Daß nimmer stolzer gegen mich sie wäre!

Und plötzlich wandelte sich in Entzücken
Die Eifersucht, die bey den ersten Blicken
Auf solchen Gegner sich in mir erzeugte.

Dem aber war das trübe, thränenfeuchte
Antlitz von einem Wölkchen rings umschwommen;
So ungern sah er sich den Sieg genommen.

Zwey und neunzigstes Sonett

Voll jener Süße, die, nicht auszudrücken,
Aus schönem Aug' in meines übergangen,
Am Tage, da ich's lieber hätt' umhangen,
Um nimmer klein're Schönheit zu erblicken,

Ließ ich, was mir das Liebst'; und mit Entzücken
Ist ganz in ihr des Geistes Blick befangen,
Der, was nicht *sie* ist, wie aus einer langen
Gewohnheit haßt und ansieht mit dem Rücken.

Zu einem Thale, rings umher verschlossen,
So meinen müden Seufzern Kühlung spendet,
Kam ich mit Amor sinnend und verdrossen.

Da sah ich Frauen nicht, nur Fels und Quelle
Und jenes Tages Bild, das wunderhelle
Vorm Geist mir steht, wohin mein Blick sich wendet.

159

Drey und neunzigstes Sonett

Wenn jener Fels, der meines Thals Gehege
Zumeist verschließt, was ihm den Nahmen spendet,
Mit seinen Schultern Babel zugewendet,
Mit dem Gesicht gen Rom dahin sich zöge;

So hätten meine Seufzer gute Wege
Zu ihrer Hoffnung Kreis. Jetzt zieht gewendet
Der da, der dorthin; doch, wie sie entsendet,
Kommt jeder an, nicht einer irrt vom Stege.

Und sind daselbst so freundlich gern gesehen,
Wie ich bemerke, daß nie einer kehret;
Mit solcher Freudigkeit sie dorten stehen.

Vom Auge kommt der Schmerz; mit frühstem Morgen,
Vor Lust nach schönem Ort, der ihm verwehret,
Gibt es den müden Füßen Pein, mir Sorgen.

Vier und neunzigstes Sonett

Sechszehntes Jahr der Seufzer ist verronnen,
Entgegen ich fortan dem letzten gehe;
Und dennoch dünkt mich, wenn zurück ich sehe,
Daß nur vor Kurzem solches Leid begonnen.

Schaden bringt Nutzen, Bitterkeit bringt Wonnen,
Leben ist Last; daß es im Kampf bestehe,
Fleh' ich, und fürchte, daß der Tod nicht ehe
Schließe den Blick, der Sprache mir gewonnen.

Hier müde nun, möcht' ich mich fern befinden;
Mehr möcht' ich wollen, und doch mehr nicht will ich;
Und, weil ich mehr nicht kann, thu' ich was billig.

Und alter Sehnsucht neue Thränen künden,
Daß immer noch, wie ehedem, mein Pflegen,
Und unbewegt ich unter all' den Schlägen.

Fünf und neunzigstes Sonett

Dem mitleidvollen Lied, in dessen Zeilen
Ich Eure Kunst und Freundschaft wahrgenommen,
War solche Kraft, daß, wie es angekommen,
Die Feder ich zur Hand nahm sonder Weilen,

Um schnell Euch die Gewißheit zu ertheilen,
Daß dessen Zahn, der aller Welt muß kommen,
Mich noch verschont, obwohl ich unbeklommen
Mich seiner Wohnung sah' entgegen eilen.

Doch kehrt' ich um, dieweil ich sah geschrieben
Ueber der Schwelle, daß noch nicht so nahe
Die Zeit, so meinem Leben vorgeschrieben;

Nur Tag und Stund' ich nicht verzeichnet sahe.
Drum soll sich Euer Herz nicht mehr betrüben
Und Würd'gern suchen, der den Kranz empfahe.

Sechs und neunzigstes Sonett

Schon wälzt' hinab der Himmel siebzehn Jahre,
Seit ich entzündet und nicht kann erkalten.
Nur wenn mein Leiden ich mich vorgehalten,
Mitten im Gluth ein Frösteln ich erfahre.

Wahr ist der Spruch: »Eh wandeln sich die Haare,
Als alter Brauch,« und wie die Sinn' auch alten,
Nicht mindert sich der Leidenschaften Walten;
Das macht der Schleyer nur, der lichtesbaare.

O wehe mir! wann wird der Tag sich zeigen,
Wo ich, der ich die Jahre fliehen sehe,
Der Gluth entrinne und so langem Wehe?

Kommt je der Tag, wo nur, wenn ich's begehre,
Des schönen Angesichtes süßes Neigen,
Und nur, so weit es gut, mir theuer wäre?

Sieben und neunzigstes Sonett

Die zarte Blässe, welche hielt umflossen
Des Lächelns Huld mit lichter Wolkenhülle,
Griff mir an's Herz mit solcher Allmachtfülle,
Daß dieses sich durch's Aug' ihr schnell ergossen.

Da lernt' ich, wie des Himmelreichs Genossen
Einander sehn. So trat aus seiner Stille,
Den keiner sah, der mitleidvolle Wille,
Und hat sich mir, der Sie nur schaut, erschlossen.

Englischer Blick, demüthige Geberden,
Die sonst in Frau'n, wo Amor wohnt, sich zeigen,
Wären zur Seit' ihr Uebermuth zu nennen.

Sie schlug den schönen milden Blick zur Erden
Und sprach, wie mir es schien, also mit Schweigen:
»Wer will von meinem treuen Freund mich trennen?«

Acht und neunzigstes Sonett

Amor, Schicksal und mein *Gemüth,* zum Lande
Vergangner Zeit gekehrt, hassend die Nähe,
Betrüben so mich, daß mit Neid ich sehe
Nach Jenen oft, so auf dem andern Strande.

Amor zerreißt mein Herz, *Schicksal* entwandte
Ihm allen Trost, und, daß es so ergehe,
Zürnt das *Gemüth* und weint. Bey vielem Wehe
Leb' ich so immerdar im Kriegesstande.

Die süßen Tag' erwart' ich nicht zurücke,
Vom Schlimmen nur zum Schlimmern will sich's wenden,
Und hab' im Rücken schon die halbe Straße.

Ach! nicht von Demant seh' ich, nein von Glase
Die Hoffnung all' entfallen meinen Händen,
Mein Denken all' zersplittern sich in Stücke.

Neun und neunzigstes Sonett

Nun, da der Weg der Gnaden mir verwehret,
Wandl' ich von jenen Augen fernab, denen
Ein Gott den Lohn für all' mein treues Sehnen
Vertraut, zu der Verzweiflung Pfad gekehret.

Mein Herz zur Nahrung Seufzer nur begehret,
Erzeugt zum Weinen leb' ich nur von Thränen,
Und klage nicht, weil mehr, als Manche wähnen,
In solchem Stand die Thräne Lust gewähret.

Ein einzig Bild nur will ich um mich haben,
Nicht von Praxiteles, Zeuxis und Phidias;
Ein bess'rer Meister schuf's, von höhern Gaben.

Mich schützt kein Scythien, kein Bereich Numidia's;
Ist er mit der Verbannung nicht zufrieden,
Fänd' mich der Neid auch also abgeschieden.

Einhundertstes Sonett

So neuer Art wollt' ich von Liebe künden,
Daß harter Brust ich tausendfaches Stöhnen
Täglich entpreßt' und tausendfältig Sehnen
In kaltem Herzen drin sich müßt' entzünden;

Verfärbt würd' oft ich schönes Antlitz finden,
Mitleidiger den Blick, getaucht in Thränen,
Wie Solche pflegen, die ob eignem Wähnen
Und fremder Schmach vergebens Reu' empfinden;

Säh' rothe Rosen, die in Schnee weben,
Vom Hauch bewegt das Elfenbein enthüllen,
Das den von Marmor macht, der's nah gewahret,

Und alles das, warum im kurzen Leben
Ich nicht verzweifle, ja um dessentwillen
Ich stolz mich seh' für letzte Zeit gesparet.

163

Einhundert und erstes Sonett

Ist's Liebe nicht, was ist's denn, was ich trage?
Ist's Lieb' um Gott! was ist denn diese eben?
Ist's gut, wie mag es Tod und Schmerzen geben?
Ist's bös, warum so süß dann jede Plage?

Glüh' ich freywillig, wo denn her die Klage?
Ist's wider Willen, was denn frommt mein Beben?
O freudenreiches Weh, o Tod voll Leben,
Was gibt die Macht euch, wenn ich Ja nicht sage?

Und sag' ich Ja, so klag' ich nicht mit Rechte.
Bey widerwärt'gem Wind, auf morschem Kahne
Treib' ohne Steuer ich durch offne Fluthen,

So leicht an Weisheit und so voll von Wahne,
Daß selber ich nicht weiß, was gern ich möchte,
Im Winter glüh' und beb' in Sommers Gluthen.

Einhundert und zweytes Sonett

Amor will, daß ich sey dem Pfeil ein Zeichen,
Wie Wachs in Gluth, wie Schnee in Sonnenhöhen,
Wie Nebel vor dem Wind. Vom Gnadeflehen
Bin ich schon heiser, und Euch kann's nicht beugen.

Aus Eurem Blick die Todespfeile steigen,
Wogegen weder Zeit noch Ort bestehen;
Von Euch nur kommt (was Euch ein Spiel, zu sehen)
Gluth, Sonn' und Wind; drum muß ich so mich zeigen.

Gedanken sind die Pfeil', Antlitz die Sonne,
Die Sehnsucht Gluth. Mit solchen Waffen ritzet
Zugleich mich Amor, blendet und vernichtet.

Der englische Gesang, der Rede Wonne
Nebst süßem Hauch, wovor kein Ding mich schützet,
164 Sie sind die Luft, vor der mein Leben flüchtet.

Einhundert und drittes Sonett

Frieden nicht findend, nicht im Kriegesstande,
Fürcht' ich und hoff' und schaudre und erwarme,
Flieg' himmelan und haft' am Erdenrande,
Umfasse nichts, wenn ich die Welt umarme.

Mich schlug, der weder löst noch schließt, in Bande,
Der mich nicht mag und frey nicht läßt die Arme;
Der mich nicht tödtet, noch der Kett' entwandte,
Läßt leben nicht, entnimmt mich nicht dem Harme.

Ich seh' ohn' Augen, ohne Zung' ich flehe,
Muß Untergang und Hülfe gleich ersehnen;
Ich hasse mich, Andrem in Lieb' ergeben,

Zehre von Schmerz und lache unter Thränen,
Gleich mißbehagt mir Sterben so als Leben.
Um Euch, Madonna, trag' ich solches Wehe.

Einhundert und viertes Sonett

Möcht' Himmelsflamm' auf deine Locken träufen,
Gottlose du, von Fluth und Eichelnüssen
Nun reich und groß durch das, was Andre missen,
Weil so dich's freuet, Schuld auf Schuld zu häufen.

Nest des Verraths, wo die die Welt durchschweifen,
Zahllose Weh'n zum Licht empor sich rissen,
Sclavinn des Weins, von Bett' und Leckerbissen!
Du ausgelernt, in Lust dich zu ersäufen!

Durch deine Kammern taumeln Mädchen, Greise
Im Tanz; es steht Beelzebub daneben
Mit Spiegeln, Flamm' und Blasebalg im Kreise.

Einst warst du Flaum und Schatten nicht ergeben,
Gingst nackt und baarfuß über Dornengleise;
Jetzt steigt zu Gott der Stank von deinem Leben.

Einhundert und fünftes Sonett

Das geiz'ge Babel hat von Gottes Zoren
So voll das Maß und seiner Schuld, der schweren
Daß es zerberstet fast; Bacchus, Cytheren,
Nicht Pallas oder Zeus hat sich's verschworen

Ich harr' auf Recht und geh' derweil verloren.
Doch neuen Sultan seh' ich ihm nun kehren.
Dem wird – nicht wann ich's wollt' – ein Sitz der Ehren,
Und der sey im Baldacco ihm erkoren.

Zerstreut wird all' der Götzen Schar auf Erden,
Verbrannt die stolzen, gottverhaßten Zinnen,
Und was drin lebt, von außen und von innen,

Und Seelen mit der Tugend Huldgeberden
Die Welt zu Theil, und golden wird dann werden
Alles und alte Tugend Raum gewinnen.

Einhundert und sechstes Sonett

Du Haus des Zorns! o Born du der Bedrängniß!
Schule des Wahns! Tempel der Ketzereyen!
Einst Rom, nun Babel, falsch, zu maledeyen,
Das so viel Thränen bringt, so viel der Bängniß!

O Werkstatt du des Trugs! grausam Gefängniß,
Wo Gutes stirbt, nur Böses will gedeihen!
Hölle Lebend'ger! Wollte Christ verzeihen,
Nicht zürnen, wunderbar wär' solch Verhängniß.

In keuscher Armuth klein gegründet, endlich
Hebst gegen deine Gründer du die Hörner,
Schamlose Metze! Worauf steht dein Hoffen?

Auf deine Buhlen? Schätze, die du schändlich
Erworben all'? – Nicht Constantin kommt ferner;
Doch nehm's die traur'ge Welt, die es betroffen.

Einhundert und siebentes Sonett

Je sehnsuchtsvoller ich die Flügel breite,
Zu euch, o süße, liebe Schar, zu dringen,
So mehr verwirrt in Vogelleim die Schwingen
Mir das Geschick, treibt irr mich in die Weite.

Das Herz, das, send' ich's aus, mit mir im Streite,
Will nur im sonn'gen Thal die Zeit verbringen,
Wo unsre Fluthen mehr das Land umschlingen,
Ehgestern ließ ich's weinend von der Seite.

Ich ging zur Linken, es sich rechtwärts wandte,
Es nach Jerusalem an Amors Händen,
Der Stärk' ich folgend nach Aegyptenlande.

Doch pflegt Geduld in Schmerzen Trost zu spenden;
Denn wie es langer Brauch uns vorgeschrieben,
Sind selten wir und kurz beysammen blieben.

Einhundert und achtes Sonett

Amor, der mir im Herzen lebt und waltet,
Und drinnen einen höhern Thron empfangen,
Gewappnet kommt er oft auf meine Wangen,
Hält da gelagert sein Panier entfaltet.

Sie, die mich lehrt, wie Lieb' und Leid gestaltet,
Und will, daß Scham, Vernunft und scheues Bangen
Die Hoffnung zügl' und brennendes Verlangen,
Zürnt ob der Gluth, die nimmerdar erkaltet.

Zum Herzen fliehet Amor da voll Grausen
Und weint und zittert, lassend all' sein Treiben;
Da birgt er sich und kommt nicht mehr nach außen.

Was kann ich, fürchtend meinen Herrn, beginnen,
Als bis zur letzten Stund' ihm treu zu bleiben?
Wer schön in Liebe stirbt, geht schön von hinnen.

Einhundert und neuntes Sonett

Gleichwie ein Schmetterling an warmen Tagen,
Des Lichts gewohnt, in unverständ'gem Wähnen,
Andern in's Auge fliegt vor blindem Sehnen,
So daß er sterben muß und Andre klagen;

So werd' ich stets in's Sonnenlicht getragen
Tödtlicher Augen, wo so viel des Schönen,
Daß Amor jeden Zügel will verhöhnen,
Und der Verstand vom Willen wird geschlagen.

Und wohl zwar seh' ich, wie sie mich verschmähen,
Und weiß, daß ich in Wahrheit sterbe drinnen,
Weil gegen Schmerz die Kraft nicht kann bestehen;

So aber blendet Amor meine Sinnen,
Daß fremdem Leid, nicht eignem Thränen rinnen,
Und blind die Seel' in ihren Tod muß gehen.

Einhundert und zehntes Sonett

Wann ich so süße Red' Euch hör' entbinden,
Die Amor nur den Seinen zu läßt fließen,
Will sich in Gluth die heiße Lust ergießen,
Daß es erloschne Seelen müßt' entzünden.

Dann pfleg' ich schöne Herrinn nah zu finden,
Allüberall so mild und voll des Süßen
In Red' und Art, die mit der Seufzer Grüßen,
Statt Glockenschall, mich oft dem Schlaf entwinden.

Und seh' ihr Haar im Wind zerstreut, gekehret
Rückwärts sie selbst; so lieblich zieht sie drinnen
Im Herzen ein, als die den Schlüssel führet.

Der Freude Uebermaß nur, so da wehret
Der Zunge, weiß den Muth nicht zu gewinnen,
Zu künden laut, wie drinnen sie regieret.

Einhundert und eilftes Sonett

Nie sah so freundlich ich die Sonne walten
Am Himmel, wenn die Nebel sich verzogen,
Nach Regenschauern nie des Himmels Bogen
So viele Farben in der Luft entfalten;

Wie ich in Flammen sah' sich umgestalten,
Als Liebesbürde bey mir eingezogen,
Das Auge, dem (ich hab' es wohl erwogen)
Kein Ding auf Erden kann die Wage halten.

Ich sahe Amor, der die Blicke wandte
So hold, daß seit dem lieblichen Gefunkel
Mir alles Andr' erscheinet trüb' und dunkel.

Ich sah' ihn und den Bogen, den er spannte,
So daß seitdem ich nicht mehr sicher lebe,
Und doch es immerfort zu sehen strebe.

Einhundert und zwölftes Sonett

Hin, wo im Sonnenstrahl Gräser sich neigen,
Und wo ihm trotzend, Schnee und Schollen ragen;
Hin, wo kühl ist und leicht der Sonne Wagen;
Wo ihre Strahlen sinken, wo sie steigen;

In Armuth, oder zu der Stolzen Reigen;
In heitre Luft, durch Nebel hingetragen;
Hin in die Nacht, zu lang' und kurzen Tagen,
Zu Jugendfrisch' und reifern Alters Neigen;

In Himmel, Erde, Unterwelt gebettet,
In sumpf'gen Thalesgrund, auf Bergeshöhen;
Ein freyer Geist und an den Leib gekettet;

Mit dunklem Nahmen und in Ruhmes Schimmer –
Derselbe stets, werd' leben ich, wie immer,
Fortseufzend, wie es fünfzehn Jahr' geschehen.

169

Einhundert und dreyzehntes Sonett

O Seel', in Tugend prangend und entzündet,
Um die so viel ich des Papiers verbrauche,
O Wohnung du von jedem frommen Brauche,
O Thurm, in hoher Stärke fest gegründet!

O Flamm', o Rosen, zartem Schnee verbündet,
Worein ich schau' und reinigend mich tauche,
O Lust, die mich erhebt zum schönen Auge,
So hell, wie unterm Himmel keins sich findet!

Von eurem Nahmen, wenn so weit verstanden
Ich würde, sollte Bactriana singen,
Don, Tule, Nil, Atlas, Olymp und Calpe.

Nun aber ich ihn nicht vermag zu bringen
Der ganzen Welt, tön' er den schönen Landen,
Die Apennin trennt, Meer umgibt und Alpe.

Einhundert und vierzehntes Sonett

Der Wille, so mich mit zwey feur'gen Sporen
Und einem harten Zügel lenkt und leitet, –
Wenn des Gesetzes Schrank' er überschreitet,
Daß ich zum Theil der Freude sey erkoren,

Findet er Eine, die, was drin geboren,
Kühnheit und Furcht liest auf der Stirn gebreitet,
Und sieht Amor, der strafend ihn bedeutet,
Aus Augen blitzend, so in Gluth verloren:

Dann gleicht er einem, der vor Jovis Strahlen,
Des Zürnenden, die Flucht ergreift betroffen,
Weil groß Befürchten zügelt groß Verlangen.

Doch oft, wann kühle Flamm' und bangend Hoffen
Der Seele, wie durch Glas, sich außen mahlen,
Strahlt neue Huld' auf ihren süßen Wangen.

Einhundert und fünfzehntes Sonett

Nicht Etsch, Tessin, Po, Arno, Var und Tiber,
Nil, Tigris, Hermus, Indus, Phrat und Ganges,
Don, Ister, Alpheus, noch, kräft'gen Ganges,
Rhon', Elbe, Seine, Rhein, Eur', Hebrus, Iber,

Nicht kühlen Tanne, Ficht', Epheu mein Fieber,
Wachholder nicht mein Herz, mein glühend' banges,
Wie Bächlein thut, das mitweint gleichen Dranges,
Und Bäumlein, das ich singe lieb' und lieber.

Die eine Zuflucht find' ich vor den Stürmen
Amors, um die mit Waffen sich muß schirmen
Das Leben, das so schnellen Laufs verrinnet.

Drum, schöner Lorbeer, wachs' auf Ufers Matten;
Und was sein Pflanzer Freudig-Hohes finnet,
Schreib' er beym Laut des Bachs im süßen Schatten.

Einhundert und sechszehntes Sonett

Was machst, was denkst du, Geist? Wird's Friede geben?
Kommt Ruh'? Oder wird ewig Krieg geführet? –
»Weiß nicht, was wird; doch das hab' ich gespüret,
Nicht freut ihr Auge unser Jammerleben.« –

Was hilft's, will sie mit diesem Aug' uns weben
Im Sommer Eis, und Flammen, wenn es frieret! –
»O sie nicht will's; der thut's, der sie regieret;« –
Gleichviel! Sie sieht's und hat sich still ergeben. –

»Wohl oft ist still die Zung', und drin im Herzen
Klagt's laut; von außen freudig zu gewahren,
Weint's innen, wo kein Anderer es schauet.« –

Mit allem dem wird das Gemüth der Schmerzen
Nicht ledig, die da stehn zu ganzen Scharen,
Weil Elend großer Hoffnung nicht vertrauet.

Einhundert und siebenzehntes Sonett

Kein müder Schiffer je zum Hafen flüchtet
Von wild durchstürmter Wogen finstern Gleisen,
Wie ich aus düstrer Bilder trüben Kreisen,
Wohin mich groß Verlangen spornt und richtet.

Noch ward kein sterblich Auge so vernichtet
Von Himmelsglanz, wie meins vom hehren Gleißen
Aus schönem, süßen, milden Schwarz und Weißen,
Wo Amor goldet seine Pfeil' und lichtet.

Geköchert seh' ich ihn, nicht mit der Binde,
Außer was Scham verhüllt, mit nacktem Leibe,
Ein Kind mit Flügeln, nicht gemahlt, lebendig.

Was Vielen dunkel, zeigt er mir inwendig,
Daß Theil für Theil im schönen Aug' ich finde,
Was ich von Liebe red' und was ich schreibe.

Einhundert und achtzehntes Sonett

Demüthig Wild, mit Tiger-, Bärensinne,
Mit eines Engels Leib' und Menschenwangen,
Dreht zwischen Freud' und Weh, Hoffnung und Bangen
Mich so, daß festen Stand ich nie gewinne.

Wenn seinen Zähnen ich nicht bald entrinne
Und ferner mich solch Zweifel soll befangen,
Vergeh' ich, Amor! denn zum Herzen drangen
Die süßen Gifte schon; ich ward es inne.

Nicht trägt, hinfällig, wie sie ist, und wankend,
Die Kraft den Wechsel mehr von Leid und Freuden,
In einem Nu von Gluth zu Kälte schwankend.

Durch Flucht hofft sie zu enden ihre Leiden,
Von Stund' zu Stunde mehr und mehr erkrankend;
Denn nichts kann, wer vom Leben nicht kann scheiden.

Einhundert und neunzehntes Sonett

Geht, heiße Seufzer, kaltes Herz zu bähen,
Zerbrecht das Eis, das Mitleid nicht bezwinget,
Und wenn zum Himmel sterblich Flehn sich schwinget,
Sey Tod, sey Lohn das Ende meiner Wehen.

Geht, süße Bilder, Rede dort zu stehen
Von dem, wohin der schöne Blick nicht dringet.
Wenn nur ihr Stolz, mein Stern entgegen ringet,
Wird Hoffnung so als Wahn mir bald vergehen.

Wohl könnt ihr, wenn auch nicht vollkommen, sagen,
Daß, wie ihr Zustand friedsam ist und heiter,
So unsrer dunkel wie vom Sturm zerschlagen.

Geht sicher nun! Amor ist euch Begleiter;
Und bald vielleicht quält mich kein Unglück weiter,
Kenn' ich die Luft an meiner Sonne Tagen.

Einhundert und zwanzigstes Sonett

Himmel, Gestirn' und Elemente gaben
Wetteifernd jede Mühe sich, zu bauen
Ein lebend Licht, in welchem sich beschauen
Sonn' und Natur, die sonst nichts Gleiches haben.

So neu, so reizend ist es, so erhaben,
Daß ird'sche Blicke sich zu ihm nicht trauen;
So scheinet Amor Süß' und Huld zu thauen
Aus ihrem Aug' in unermeßnen Gaben.

Die Luft, berührt von diesem holden Schimmer,
Wird so von Tugend durch und durch entzunden,
Daß ich's nicht sagen kann, und denken nimmer

Kein irdisch Wollen wird allda empfunden,
Nur das der Ehr' und Tugend. Wann doch immer
Hat Schönheit niedre Gier so überwunden?

Einhundert ein und zwanzigstes Sonett

Wie Zeus und Cäsar auch, jener, zu schwingen
Den Blitz, erglühen mocht', und der, zu schlagen;
Doch müßte Mitleid ihren Zorn verjagen,
Und beyden die gewohnte Waff' entringen;

Sie weinte, und mein Herr vor allen Dingen
Wollt', daß ich säh' und hörte ihre Klagen,
Mir Leid zu häufen und der Sehnsucht Plagen,
Und grausam Mark und Bein mir zu durchdringen.

Es mahlte Amor mir das süße Weinen,
Ja grub es ein, und ließ in Herzen Grunde
Die hohen Wort' in Demant wie versteinen,

Wohin mit Schlüsseln, kunstvoll-fest, zur Stunde
Er oft noch kehrt, und außen läßt erscheinen
Mit schweren Seufzern seltne Thrän' im Bunde.

Einhundert zwey und zwanzigstes Sonett

Ich sah auf Erden Engelsitte walten
Und Himmelsschönheit, sonder Gleichen beyde,
Daß die Erinn'rung Schmerz mir bringt und Freude;
Denn, was ich seh', sind Schatten, Traumgestalten.

Ich sah zwey Lichter thränend sich entfalten,
Die tausendmahl die Sonn' erfüllt mit Neide,
Und hörte Wort', erpreßt von schwerem Leide,
Die Berg' aufregen, Ströme könnten halten.

Lieb', Einsicht, Muth und Schmerz und frommes Neigen
Zu süßem Einklang weinend sich umfingen,
Süßer, als alle, so auf Erden steigen.

Der Himmel horchte still dem holden Klingen,
Daß sich kein Blättchen regte in den Zweigen;
So süße Laute durch die Lüfte gingen.

Einhundert drey und zwanzigstes Sonett

Der Tag, mir ewig bitter und geehret,
Grub mir sein Bild in's Herz in solcher Weise,
Daß kein Verstand, kein Styl ist, der es preise;
Doch steht der Geist noch oft ihm zugekehret.

Ihr Thun, dem jeder Adel ward bescheeret,
Und ihre Klagen, bitter-süß und leise,
Ließen mich zweifeln, ob Göttinn im Kreise,
Ob Erdenweib den Himmel so verkläret.

Das Haupt rein Gold und warmer Schnee die Wangen,
Eben die Brau'n, ein Sternenpaar die Augen,
Wo Amor nicht umsonst gespannt die Sehnen,

Perlen und Rosen roth, wo eingegangen
Der Schmerz ließ heiß' und schöne Wort' auftauchen,
Die Seufzer Flammen und Krystall die Thränen.

Einhundert vier und zwanzigstes Sonett

Wo laß mein Auge ruht, wohin ich's wende,
Den Drang zu sänftigen, der es regieret,
Find' ich, der schöne Herrinn vor mir führet,
Daß meine Sehnsucht grünend bleib' ohn' Ende.

Dann ist's, als ob in ihr sich Schmerz entbände
Und Mitleid, wie es edle Herzen rühret.
Den Ohren auch erdichtet er und zieret
Lebend'gen Wortes, frommer Seufzer Spende.

Amor und Wahrheit mußten selbst gestehen,
Daß, was ich sah, war Schönheit sonder Gleichen,
Nie sonst gesehen unter Sternenhöhen;

Daß nie gelauscht so frommen, wonnereichen
Worten die Welt, noch Thränen je gesehen
So schön' die Sonn' aus schönen Augen steigen.

Einhundert fünf und zwanzigstes Sonett

In welchem Himmelsraum, welchen Ideen
Fand die Natur das Muster, zu bereiten
So schön Gesicht, worin sie wollt' andeuten
Hier unten, was sie könne in den Höhen?

Hat Nymphen wer im Bach, im Wald gesehen
Göttinnen Haar so lautern Goldes breiten?
Wann hatt' ein Herz so viel der Trefflichkeiten?
Gibt auch das Ganze mir des Todes Wehen.

Nach Himmelsschönheit blickt umsonst im Kreise,
Wem nimmermehr ihr Auge noch getaget,
Wie sie es kreisen läßt so holder Weise.

Nicht weiß, wie Amor heilt, und wie er tödtet,
Wer es nicht weiß, wie süß sie seufzt und klaget,
Wie süß sie lächelt und wie süß sie redet.

Einhundert sechs und zwanzigstes Sonett

Amor und ich verwundernd nach ihr schauen,
Wie wer etwas Unglaubliches ersiehet,
Wann sie den Mund zum Lächeln hold verziehet
Und spricht, die sich nur gleicht, nicht andern Frauen.

Aus schönem Himmel ruhig heitrer Brauen
Mein treues Sternenpaar so funkelnd sprühet,
Daß andres Licht nicht leitet noch durchglühet
Den, der sich hoher Liebe will vertrauen.

Welch Wunder, wann sie in der Gräser Nicken
Wie eine Blume sitzt, oder wann leise
Den grünen Rasen drückt des Busens Weiße!

Und wie so süß, im Lenz sie zu erblicken,
Wann in Gedanken sie wandelt alleine,
Flechtend den Kranz für krausen Goldes Reine!

Einhundert sieben und zwanzigstes Sonett

O irre Schritt'; o Wünsch', ihr wachen, schnellen;
O treu Gedächtniß; o du wildes Sprühen;
O schwaches Herz; o du der Sehnsucht Glühen;
O meine Augen, Augen nicht, nein Quellen;

O Zweig, der Stirnen Schmuck, der ruhmeshellen;
O einz'ger Preis zwiefacher Kraft verliehen;
O süßer Wahn; o Leben du voll Mühen,
Die ihr mich treibt durch Berg' und Uferstellen;

O schönes Aug', wo Amor waltet inne
Mit Sporn und Zaum, womit er lenkt und treibet
Nach Willkür, daß umsonst all' Widerstreben.

O adelige Seelen treuer Minne,
Gibt's deren hier, und ihr, o Schatten, bleibet
Und sehet, ach! wie wehevoll mein Leben!

Einhundert acht und zwanzigstes Sonett

Glücksel'ge Blumen ihr, die oftemahlen
Madonna sinnend drückt, o lichte Sprossen!
Ihr Höh'n, wo sich ihr süßes Wort ergossen
Und schönen Fußes Spuren noch sich mahlen!

Geschlanke Bäum' und junge Zweig' in Thalen!
Violen, lieblich ihr und bleich erschlossen!
Du Schattenwald, von Sonnenlicht durchflossen,
Das hehr und stolz dich macht mit seinen Strahlen!

O freundlich Ländchen du! o Stromes Reine!
Badend die Wang' ihr und die klaren Sterne,
Die du dich nährst von dem lebend'gen Scheine;

Wie neidet' ich so holde Näh' euch gerne!
In eurem Kreise ragt kein Felsgesteine,
Das nicht mit meinen Flammen glühen lerne.

177

150

Einhundert neun und zwanzigstes Sonett

Amor, du kennst mein Denken all' und Hoffen
Und schweren Weg, der nur mit dir zu gehen;
O möchtest du in Herzensgrund mir sehen,
So tief verhüllt den Andern, dir nur offen!

Du weißt all', was, dir folgend, mich betroffen,
Und klimmst doch schnell voran von Höh' zu Höhen
Täglich, und lässest unbemerkt mich stehen,
Der ich so matt durch steilen Pfad und schroffen.

Wohl seh' ich fern des süßen Lichtes Hehre,
Wohin du spornst und treibst auf rauhen Wegen;
Doch deiner Federn ich zum Flug' entbehre.

Froh will ich seyn bey aller Sehnsucht Regen,
Wenn ich nur sehnend mich gemach verzehre,
Und Seufzer auch hinfort für sie darf hegen.

Einhundert und dreyßigstes Sonett

Jetzund, da Himmel, Erd' und Wind rings schweiget,
Und Wild und Vögel Schlafes Zügel tragen,
Die Nacht im Kreise führt den Sternenwagen,
Im Bett das Meer ruht, keine Welle steiget.

Wach' ich, glüh', sinn' und wein', und, der mich beuget,
Ist stets mir nah mit seinen süßen Plagen;
Krieg ist mein Zustand, voller Zorn und Klagen
Ihr Bild nur ein'gen Frieden mir erzeuget.

So dringt aus einem hell lebend'gen Quelle,
Zu nähren mich, so Süßigkeit als Herbe,
Und Eine Hand gibt Heilung mir und Wunden.

Und weil mein Jammer nie gelangt zur Stelle,
Erwach' ich tausendmahl des Tags und sterbe,
So weit ach! hab ich noch, um zu gesunden.

Einhundert ein und dreyßigstes Sonett

So oft ihr weißer Fuß durch frische Wiesen
Die süßen Schritte ehrbarlich beweget,
Scheint, was in Blumen sich und Gräsern reget,
Rings zu entströmen ihren zarten Füßen.

Amor, der Schönes nur sich will erkiesen,
Da seine Kraft nur zu bewähren pfleget,
So warme Luft in schönen Augen heget,
Daß mich kein Gut, kein Mahl lockt, außer diesen.

Und mit dem holden Blick und mit dem Schritte
Verbündet sich der Worte süße Gabe
Und sanft-demüthiglich bescheidne Sitte.

Von den vier Funken hat zum Theil begonnen
Die Gluth, von der ich Flamm' und Leben habe,
Der ich ein nächt'ger Vogel in der Sonnen.

Einhundert zwey und dreyßigstes Sonett

Blieb ich einst standhaft in der Höhle stehen,
Da, wo Apoll geworden zum Propheten,
Hätt' auch Florenz vielleicht seinen Poeten,
Nicht bloß Verona, Mantua gesehen;

Doch weil mein Feld nicht mehr von jener Höhen
Springquell sich labt, muß anderem Planeten
Ich jetzo folgen, und von meinen Beeten
Mit krummer Sichel Dorn und Klette mähen.

Der Oehlbaum welkt; es zieht auf anderm Pfade
Das Wasser hin, so dem Parnaß entspringet,
Der ein'ge Zeit mit Blüthen ihn gesegnet.

Unglück sonach, vielleicht auch Schuld mich bringet
Um alle gute Frucht, wenn seiner Gnade
Ein Theil der ew'ge Zeus nicht auf mich regnet.

Einhundert drey und dreyßigstes Sonett

Läßt Amor schöne Augen erdwärts streichen,
Sammelnd in einen Seufzer mit den Händen,
Der Sehnsucht Hauch', als Wort sie zu entsenden,
Hell, lieblich, Engel-, Götterlaut zu gleichen,

Fühl' ich mein Herz in Süßigkeit entweichen
Und drin Gedank' und Wollen sich mir wenden;
Dann sprech' ich:»Möcht' es so doch mit mir enden,
Will mir den Ehrentod der Himmel reichen!«

Der Klang doch, der so süß die Sinne bindet,
Zügelt den Geist, bereit schon zu entschweben,
Durch große Lust nach solcher Laute Schöne.

So leb' ich, und so breitet denn und windet
Des Lebens Faden auf, die mir gegeben,
Diese des Himmels einzige Sirene.

Einhundert vier und dreyßigstes Sonett

Süßen Gedanken Amor zu mir schicket,
Der zum Vertrauten zwischen uns erlesen,
Und spricht, mich tröstend, daß er nie gewesen
Bereit, wie jetzt, zu dem, was mich beglücket.

Ich aber, der bald Truggeweb' erblicket,
Bald Wahrheit auch in seiner Rede Wesen,
Glaube nur halb, kann Zweifels nicht genesen,
Und Ja und Nein fortan mein Herz zerstücket.

So fliehn die Jahr' und in des Spiegels Scheine
Seh' ich der Zeit mich nahen, die entgegen
Seinem Versprechen so als meinem Hoffen.

Mag seyn, was kann; altr' ich doch nicht alleine,
Und mit den Jahren wechselt nicht mein Regen;
Vor kurzer Zeit nur bangt, die mir noch offen.

180

Einhundert fünf und dreyßigstes Sonett

Der Sehnsucht voll, durch die ich Feindschaft übe
All' anderm Sehnen und einsam durchs Leben
Mich treib', hab' oft ich selbst mich aufgegeben,
Die suchend nur, der besser fern ich bliebe;

Und seh' vorbey sie gehn so süß und trübe,
Daß bang die Seele strebt, flugs zu entschweben;
So läßt der Seufzer Scharen sich erheben
Die Schöne, die mir feind ist und der Liebe.

Wohl seh' ich einen Mitleidstrahl ergossen
Zwischen erhabenen umwölkten Brauen.
Der mir das wehe Herz erhellt aufs Neue.

Dann fass' ich mich, und bin ich nun entschlossen,
Ihr offen meinen Jammer zu vertraun,
Ist deß so viel, daß ich den Anfang scheue.

Einhundert sechs und dreyßigstes Sonett

Ihr Antlitz oft mit menschlich-holden Zügen
Hat mir nebst den Genossen Muth gegeben,
Mit ehrbar kluger Worte leisem Weben
Demüthig meine Feindinn zu bekriegen.

Doch läßt ihr Blick den Vorsatz bald verfliegen,
Weil all' mein Gut, mein Loos und all' mein Streben
Mein Glück, mein Weh, mein Tod so als mein Leben
In ihre Hand gelegt durch Amors Fügen.

Drum war ich nie so meiner Worte Meister,
Daß mich ein Andrer, als ich selbst, verstünde;
So macht mich Amor heiser und verzaget.

Und wohl nun seh' ich, wie die Zunge binde
Entbrannte Lieb' und dannen trag' die Geister:
Gering nur glüht, wer, wie er glühe, saget.

181

154

Einhundert sieben und dreyßigstes Sonett

Amor gab freundlich-strengem Arm mich eigen,
Der tödtlich faßt; und Schmerzen zwiefach schalten,
Wird Klage laut. Drum wie ich's stets gehalten,
Ist's besser wohl, sterben in Lieb' und schweigen.

Beeistem Rheine müßte Gluth erzeugen
Ihr Aug' und jede harte Rinde spalten,
Und ihrer Schönheit gleicht ihr stolzes Walten,
Daß ihr mißfällt, gefällig sich zu zeigen.

Nicht kann mit aller Einsicht je ich heben
Den schönen Demant, der ihr Herz versteinet;
Das Andr' ist Marmor, athmend, lebensrege.

Doch wird sie nie mit allem Widerstreben
Verwehren mir, wie finster sie erscheinet,
Daß Hoffnung ich und süße Seufzer hege.

Einhundert acht und dreyßigstes Sonett

O Neid, der feindlich aller Tugend wehret,
Und alles Schöne gern von je bestritten,
Auf welchem Pfad bist in ihr Herz geglitten
So still? mit welcher Kunst hast du's bethöret?

Mein Heil hast mit der Wurzel du verzehret,
Zeigtest mich ihr zu glücklich, die mein Bitten,
Mein keusch-demüthiges, sonst gern gelitten,
Und nun mit Haß und Weigerung es höret.

Und wie sie auch mit unhold-rauhem Handeln
Mein Glück beklag' und lache meiner Klage,
Kann der Gedanken keinen sie mir wandeln.

Tödte sie tausendmahl an einem Tage,
Ich lieb' und hoff' auf sie doch sonder Wandeln;
Denn Amor tröstet mich, macht sie mich zage.

182

Einhundert neun und dreyßigstes Sonett

Wenn Blickes heitre Sonnen sich entschließen,
Wo, der den meinen mahlt und netzt, verziehet,
Vom Herzen dann die müde Seel' entfliehet
Und eilt zu ihren Erdenparadiesen.

Wenn sie nun, *die* so voll des Herb' und Süßen
Findend, nur Spinnenweb' auf Erden siehet,
Klagt sie mit sich und Amor, dem so glühet
Der Sporn, deß Zügel sich so hart erwiesen.

In dieser Gegensätze wirrem Spiele,
Bald glüher Wünsche, bald mit eis'gem Bangen,
Steh' ich so zwischen Seligkeit und Wehen.

Froher gibt's wenig, trüber Bilder viele,
Und meist gereut das kühne Unterfangen.
Aus solchem Keim muß solche Frucht erstehen.

Einhundert und vierzigstes Sonett

In strengem Stern war (wenn, wie Mancher denket,
Der Himmel uns beherrscht,) ich einst geboren,
Streng war die Wieg', in der ich lag geboren,
Streng Land, wohin den Fuß ich drauf gelenket;

Und streng die Frau, die mit dem Blick mich kränket,
Mit Pfeilen, die zum Ziel mich nur erkoren,
Mich traf; was oft ich, Amor, deinen Ohren
Geklagt, weil jene Waff' auch Heilung schenket.

Doch bringt mein Jammer Freude deinem Herzen,
Nicht ihrem, weil zu leicht die Wunden schmerzen,
Und sie von Pfeilen kommen, nicht von Spießen.

Dies tröstet mich, daß Schmachten nach der Frauen
Mehr werth, als einer andern zu genießen;
Du schwörst's beym goldnen Pfeil; gern will ich trauen. 183

Einhundert ein und vierzigstes Sonett

So oft der Zeit ich und des Orts gedachte,
Wo ich mich selbst verlor, und werther Schlingen,
Mit welchen Amors Hände mich umfingen,
Was Bittres süß, Weinen zum Spiel mir machte,

War Schwefel ich und Zunder, und es fachte
Der sanfte Hauch, den stets ich hör' erklingen,
Das Herz zu Flammen, die mir Freude bringen
Und Nahrung auch; – das Andr' ich wenig achte.

Die Sonne, die allein mein Auge siehet,
Erwärmt mich immer noch mit Liebesschimmer
Am Abend, wie sie früh es mir erzeiget,

Und leuchtet so mir aus der Fern' und glühet,
Daß das Gedächtniß, frisch und treu, wie immer,
Die Schlinge nur, die Zeit, den Ort mir zeiget.

Einhundert zwey und vierzigstes Sonett

Kühn zieh' ich durch der Büsch' unwirthbar Grauen,
Wo Fahren Leut' und Waffen rings umstricken;
Mit Furcht kann nur die Sonne mich berücken,
Der Strahlen der lebend'gen Lieb' entthauen.

Ich geh' und sing' und meyne, Sie zu schauen –
O Wahn! – die mir kein Himmel kann entrücken;
Und ihr zur Seite glaub' ich zu erblicken,
Was Buch und Tannen sind, Fräulein und Frauen.

Ich höre sie, wenn Zweig' und Weste flüstern
Und Blätter, wenn der Vögel Klagen steigen,
Und Wellen murmelnd ziehen durch die Matten.

Der Oede Schauer und einsames Schweigen
Gefielen so mir nie in Waldes Schatten;
Nur meine Sonne darf sich nicht verdüstern.

184

Einhundert drey und vierzigstes Sonett

Wohl tausend Flüss' an einem Tag' und Höhen
Hat Amor in Ardennen mir gezeiget,
Der Herz und Fuß der Seinen Flügel reichet,
Daß lebend sie den dritten Himmel sehen.

Mich freut, daß wehrlos ich's gewagt, zu gehen,
Wo ohne Warnen Mars in Waffen steiget,
Ein Schiff, das sonder Mast und Ruder fleuget,
Mit Weh beladen, durch erregte Seeen.

Doch da die finstre Reise nun geendet,
Denkend, woher ich kam, mit welchen Schwingen,
Fühl' aus zu großem Muth ich Furcht entspringen.

Nur schönes Land und Stromes Frieden sendet
Mir neuen Muth durch freundliches Empfangen
In's Herz, gewandt nach seiner Sonne Prangen.

Einhundert vier und vierzigstes Sonett

Amor spornt mich, und zügelt mich, zu stehen,
Macht eisig mich und heiß, kühn und verzaget,
Lächelt und zürnet, ruft mich und verjaget,
Hält jetzt in Hoffnung mich und jetzt in Wehen,

Führt müdes Herz durch Tiefen und durch Höhen,
Daß alle Spur der irren Lust versaget,
Und höchste Freud' ihr, scheint es, mißbehaget;
So ist mein Geist voll Irrthums, nie gesehen.

Die Furth zeigt ihm ein freundlicher Gedanke,
Durch Wasser nicht, die aus dem Auge rannen,
Dahin schnell, wo er Frieden hofft, zu fliegen.

Dann führt ihn gleichsam größre Macht von dannen;
Nun muß er anders ziehn, und, wie er schwanke,
Seinem und meinem langen Tod sich fügen.

Einhundert fünf und vierzigstes Sonett

Geri, wenn manchmahl Zornesblicke sendet
Die Feindinn süß, mit stolzem Widerstreben,
Ist mir ein Trost der Rettung doch gegeben,
Deß Kraft der Seele neuen Athem spendet.

So oft unwillig sie die Augen wendet,
Hoffend, das Licht zu rauben meinem Leben,
Brauch’ ich nur mein’ in Demuth zu erheben,
Und all’ ihr Unmuth wie gezwungen endet.

Wär’ dieses nicht, *ich* würde nur beklommen
Nach ihr, als wär’s Medusens Haupt, mich neigen,
Das all’ versteinte, die es wahrgenommen.

So mach’s auch du; denn nirgend will sich zeigen
Dir andre Hülf’, und fliehen kann nicht frommen
Vor Fittigen, wie unserm Herrn sie eigen.

Einhundert sechs und vierzigstes Sonett

Wohl magst du, Po, forttragen meine Rinde
Mit deinen reißenden gewalt’gen Wogen;
Aber der Geist, den hüllend sie umzogen,
Sorgt nicht, daß dein’ und andre Kraft ihn binde.

Nicht rechts noch links ausbeugend, zieht geschwinde
Grad durch die Luft er, seinem Wunsch gewogen;
Hinflatternd nach der goldnen Zweige Bogen,
Zwingt Segel, Ruder er, und Fluth und Winde.

Fürstinn der andern, stolz erhabne Welle,
Die du der Tagesspend’rinn ziehst entgegen
Und fern in Abend lässest schönre Helle,

Du gehst und willst im Arm mein Ird’sches hegen;
Das Andre eilt mit Liebesflügel-Schnelle
Zurück auf seiner süßen Heimath Stegen.

Einhundert sieben und vierzigstes Sonett

Ein zartes Netz von Gold und Perlen spannte
Amor in's Gras unter des Baumes Zweigen
Des immergrünen, dem ich ganz zu eigen,
Wie oft sein Schatten auch die Freude bannte.

Köder war Same, den er mäht' und sandte,
Süß, herbe, Lust und Schrecken zu erzeugen;
So holden Laut, wie ich ihn hörte steigen,
Nimmer die Welt seit Adams Werden kannte.

Das klare Licht, vor dem die Sonn' erbleichet,
Flog rings; das Seil war um die Hand geschlungen,
Vor der das Elfenbein, der Schnee selbst weichet.

So fiel ich in das Netz und ward gefangen
Von süßen Weisen und von Engelzungen,
Von Wohlgefallen, Hoffnung und Verlangen.

Einhundert und acht und vierzigstes Sonett

Amor, der heißen Drang in's Herz mir sandte,
Hält es zugleich mit eis'ger Furcht befangen,
Und ob die Hoffnung größer, ob das Bangen,
Ob Flamm', ob Kält', ist dunkel dem Verstande.

Ich glüh' im Frost und beb' im Sonnenbrande,
Immer voll Argwohn so, als voll Verlangen,
Ganz wie ein Weib, das lieben Mann, umhangen
Mit kleinem Schleyer, birgt, und Florgewande.

Die erste dieser Plagen ist mir eigen,
Zu glühen Tag und Nacht; wie süß das Wehe,
Faßt kein Gedank', wie sollt' ein Reim es singen!

Die andr' ist's nicht: vor meinem Feuer zeigen
Sich gleich die Menschen; wer zu seiner Höhe
Zu fliegen denkt, breitet umsonst die Schwingen.

Einhundert neun und vierzigstes Sonett

Wenn mich ihr süßer Blick zum Tod' entzückte,
Und ihre zarten, holdverständ'gen Laute,
Wenn Amor ihr so viel Gewalt vertraute,
Daß mich ein Lächeln, ja ein Wort beglückte;

Was würd' ach! wenn sie minder freundlich blickte, –
Aus Fügung oder Schuld – als sonst sie schaute,
So daß der Tod, vor dem mir nimmer graute
Durch ihre Gunst, nun schreckhaft mich berückte!

Muß schaudernd drum in Frost mein Herz erbeben,
Wenn umgewandelt sie einmahl zu schauen,
Hat solche Furcht Erfahrung mir gegeben.

Beweglich ist das Weib, nicht drauf zu bauen;
Ich weiß, es währt der Liebe süßes Leben
Gar kleine Zeit im Herzen nur der Frauen.

Einhundert und fünfzigstes Sonett

Amor, Natur und *Sie,* wo, fern vom Tande
Der Erde, Demuth so als Tugend walten,
Sind gegen mich verschworen; treu der alten
Art treibt mich *Amor* zu des Todes Rande;

Natur hält sie mit also zartem Bande,
Daß keine Kraft vermag, es zu erhalten;
Und aus dem Leben sehnt, dem ungestalten,
Sie sich hinweg nach einem bessern Lande.

Den theuren Gliedern drum, den süßen, frommen,
In denen wahrer Liebreiz sich gespiegelt,
Verglüht gemach des Geistes letzter Funken.

Wenn Mitleid nicht des Todes Treiben zügelt,
Seh' ich, wie tief die Hoffnungen gesunken,
Von denen Leben mir und Lust gekommen.

Einhundert ein und fünfzigstes Sonett

Mein Phönix goldenes Gefieder leget,
Den hohen, weißen Nacken zu umfangen,
Kunstlos sich um den Hals, gleich theuren Spangen,
Was Allen Lust, mir Weh im Herzen reget;

Und ein natürlich Diadem er träget,
Von dem die Lüfte rings ihr Licht empfangen;
Draus flüss'ge Gluth, so in des Winters Bangen
Mich zündet, still verschwiegen Amor schläget.

Ein Purpurkleid mit himmelblauem Saume
Rosenbestreut die schönen Schultern decket;
Einzig Gewand und Schönheit nie gesehen!

Den dort in reichem, dufterfüllten Raume
Arab'scher Berge das Gerücht verstecket,
Stolz seh'n wir ihn durch unsern Himmel gehen.

3

Einhundert zwey und fünfzigstes Sonett

Sahen Virgil einst und Homerus tagen
Das Licht, so meine Augen stets gewahren,
Sie hätten, seinen Ruhm zu offenbaren,
Vereinter Kraft das Höchste müssen wagen.

Deß würd' Aeneas und Achilles klagen,
Ulyss und Andre von der Helden Scharen,
Und der so gut bey sechs und fünfzig Jahren
Die Welt regiert, und den Aegisth erschlagen.

Jene des Muths, der Waffen alte Blume
Hatte wie gleichen Stern mit dieser neuen
Blume der Ehrbarkeit und aller Schöne.

Ennius sang rauhes Lied von Jener Ruhme,
Von dieser ich. Daß nur nicht lästig seyen
Ihr meine Gaben, sie mein Lob nicht höhne!

Einhundert drey und fünfzigstes Sonett

An Held Achills berühmtes Grab gelehnet
Seufzt' Alexander aus des Herzens Grunde:
»Glücksel'ger, dem Posaunenklang erdröhnet
So herrlich aus so hohen Sängers Munde!« –

Doch diese reine Taube, hochgeschönet
Vor Allem auf dem weiten Erdenrunde,
Nur matt aus meinem schwachen Lied' ertönet;
So haben All' ihr Loos und ihre Stunde.

Die sich Homer und Orpheus gern erwählten,
Und jener Hirt, den Mantua noch ehret,
Daß sie von ihr nur immer möchten singen,

Vertrauten Sterne, die bloß hierin fehlten,
Dem, der mit ihrem Nahmen fromm verkehret,
Vielleicht ihr Lob durch Sprechen zu verringen.

Einhundert vier und fünfzigstes Sonett

Der Zweig, o Sonne, den du liebtest ehe,
Mir einzig lieb, grünt einsam, reich geschmücket,
An schönem Ort, ohn' Gleichen, seit erblicket
Adam einst sein und unser reizend Wehe.

»Bleib', ihn zu sehn!« ruf' ich zu dir, und flehe,
O Sonne; doch du fliehst, und Schatten drücket
Die Höh'n; du nimmst den Tag mit dir; entrücket
Trägst du hinweg, wonach zumeist ich spähe.

Der Schatten jener niedern Hügelfläche,
Wo flimmend webt des milden Flämmleins Helle
Und großer Lorbeer schoss't aus kleinen Sprossen,

Wächset und nimmt den Augen, weil ich spreche,
Den süßen Hinblick auf die sel'ge Stelle,
Wo mit der Herrinn sich mein Herz verschlossen.

Einhundert fünf und fünfzigstes Sonett

Es pflegt mein Schiff zu Mitternacht im Kalten
Durch Scylla und Charybd' auf rauhen Se'en,
Beladen mit Vergessenheit, zu gehen;
Das Steuer hat mein Herr und Feind erhalten;

Gedanken schnell und kühn die Ruder halten,
Die, scheint es, Sturm und Untergang verschmähen;
Und vor der Seufzer rastlos feuchtem Wehen,
Der Wünsch' und Hoffnungen, die Segel spalten.

Des Unmuths Nebel und der Thränen Sprühen
Erweichend die schon schlaffen Taue tränken,
Die Irrthum und Unwissenheit durchwinden;

Meine zwey süßen lieben Sterne fliehen,
Ertränkt in Fluth ist Kunst und kluges Denken,
Daß ich verzweifle, je den Port zu finden.

5

Einhundert sechs und fünfzigstes Sonett

Ein weißes Reh, dem Goldgeweih verliehen,
Erschien vor mir auf grünen Rasenflächen,
In Lorbeerschatten, zwischen zweyen Bächen,
Am Morgen, bey des Lenzes Ersterblühen,

So süß und stolz, daß um ihm nachzuziehen,
Ich jede Arbeit eilte abzubrechen,
Wie Geizigen, die Schätze sich versprechen,
Der Hoffnung Lust versüßet Sorg' und Mühen.

»*Nicht rühr' mich an!*« stand um den Hals in Zügen
Von Demant und Topasen hell erhaben,
»*Mein Cäsar hat befreyt mich und entbunden!*«

Die Sonne war zum Mittag schon gestiegen,
Mein Auge matt, doch gierig, mehr zu haben, –
Da sank in Fluthen ich, – es war verschwunden.

Einhundert sieben und fünfzigstes Sonett

Wie Gott anschauen ist das ew'ge Leben,
Und Niemand mehr da will, noch dürfte wollen,
So, Herrinn, hat in kurzem, kummervollen
Daseyn mir euer Anblick Lust gegeben.

Noch sah euch selbst ich nie so schön, wie eben,
Wenn Augen Wahrheit je dem Herzen zollen;
O süße Stund', aus der mir Heil entquollen,
Besiegend jeglich Hoffen, jeglich Streben!

Und müßt' ich nicht sobald darauf verzichten,
Nicht wollt' ich mehr; denn wenn sich manche nähren
Nur vom Geruch und solches gilt für Wahrheit,

Andre mit Wasser und mit Gluth beschwichten
Den Sinn, Dinge, die aller Süß entbehren, –
Warum nicht *ich* mit eures Blickes Klarheit?

Einhundert acht und fünfzigstes Sonett

Laß, Amor, uns, zu sehn, was uns entzücket,
Dinge, neu und erhaben, stille stehen!
Die Wonnen sieh', die von ihr niederwehen,
Das Licht, mit dem die Welt der Himmel schmücket!

Sieh', welche Kunst ihr reiches Kleid gesticket
Mit Purpur, Perlen, Gold, sonst nie gesehen;
Wie durch dies Schattenthal freundlicher Höhen
So holder Art sie Fuß und Augen schicket;

Das Gras, der Blumen tausendfarb'ger Schimmer,
Um schwarzen, alten Eichbaum ausgestreuet,
Flehn, daß der schöne Fuß sie rühr' und drücke.

Und wie von lichtem, liebesel'gem Flimmer
Erstrahlt der Himmel rings und schaut erfreuet,
Daß aufgeheitert ihn so schöne Blicke.

Einhundert neun und fünfzigstes Sonett

Den Geist ich mit so edler Speise nähre,
Daß Nektar und Ambrosia nichts dagegen;
Seh' ich, – vergessen ist all' andrer Segen,
Und Lethe's Fluthen ich von Grund aus leere,

Dann schreib' in's Herz ich Andres, so ich höre,
Daß nimmer sich die Seufzer drinnen legen;
Entführt, weiß nicht, wohin, von Amors Regen,
Von zweyen Süßigkeiten so ich zehre.

Denn jene Stimme, so die Gunst errungen
Des Himmels selbst, so holdes Wort gestaltet,
Wie's keiner denkt, dem's niemahls ist erklungen.

Zugleich in kleinster Spanne Raum entfaltet
Sich's klar, wie in des Lebens Niederungen
Kunst, Geist, Natur, und Himmel mächtig waltet.

7

Einhundert und sechszigstes Sonett

Die holde Luft, die rings erhellt die Höhen,
Im schatt'gen Busch die Blumen ruft in's Leben,
Kenn' ich an ihres Athems sanftem Beben,
Durch den empor ich klimm' in Ruhm und Wehen.

Des müden Herzens Stütze zu erspähen,
Flieh ich der Heimathlüfte süßes Wehen;
Um Licht dem trüben, finstern Sinn zu geben,
Such' ich die Sonn', hoffend, sie heut' zu sehen;

In der so viel der Wonn' ich werde innen,
Daß Amor ewig zu mich treibt dem Lichte.
Dann blendet's so, daß es zu spät zum Fliehen.

Nicht Wehr, nur Flügel möcht' ich, zu entrinnen;
Doch will der Himmel, daß es mich vernichte;
Denn fern muß ich verschmachten, nah verglühen.

Einhundert ein und sechszigstes Sonett

Tagtäglich wandl' ich mehr so Haar' als Wangen;
Doch nicht von süßer Angel los mich beiße,
Doch nicht von grünen Zweigen los mich reiße
Des Baums, wo Sonn' und Kälte nichts verfangen.

Leer wird das Meer, kein Stern am Himmel prangen,
Eh' ich nicht scheu' und froh willkommen heiße
Sein Schattendach, eh' ich nicht schmäh' und preise
Die tiefe Liebeswunde, schlecht verhangen.

Nicht hoff' ich jemahls Rast von meinen Wehen,
Bevor aus Knochen, Nerv' und Fleisch' ich eile,
Oder in Huld die Feindinn deß gedenket;

Eh' kann wohl das Unmöglichste geschehen,
Eh' was, als Tod und Sie, die Wunde heile,
Die Lieb' in's Herz mit Augen mir gesenket.

8

Einhundert zwey und sechszigstes Sonett

Die heitre Luft, die einen Weg gefunden,
Rauschend durch grünes Laub zu meinen Wangen,
Erinnert mich der Zeit, da ich empfangen
Durch Amor erste süße, tiefe Wunden,

Und läßt das schöne Antlitz mich erkunden,
Das Zorn verbirgt und Eifersucht verhangen,
Sammt Haar, in Stein und Perlen jetzt befangen,
Blonder als Gold vordem und losgebunden.

Dem sie geboth, sich flatternd auszuschwingen,
Und dann so zart zu Flechten es verwandte,
Daß, denk' ich dran, das Herz mir will zerspringen;

Die Zeit dann legt' es gar in festre Bande,
Und zwang das Herz in so gewalt'ge Schlingen,
Daß, sie zu lösen, nur der Tod im Stande.

Einhundert drey und sechszigstes Sonett

Die Himmelsluft, die sich im Lorbeer wieget,
Wo Amor in die Seit' Apoll geschlagen,
Und mir ein süßes Joch geboth zu tragen,
Dem lang' wohl noch sich meine Freyheit schmieget,

Fügt mir, was altem Mauren zugefüget
Medusa, da sie ihn als Stein ließ ragen:
Auch schönem Knoten kann ich nicht entsagen,
Dem Gold und Ambra, ja die Sonn' erlieget;

Das blonde Haar, die krause Schling' ich meyne,
Die so gar freundlich hält die Seel' umfangen,
Der Demuth nur ich gab zu Wehr' und Waffen;

Zu Eis wandelt ihr Schattenbild alleine
Mein Herz, und färbt mit bleicher Furcht die Wangen;
Doch weiß das Aug' in Marmor umzuschaffen.

9

Einhundert vier und sechszigstes Sonett

Die milde Luft, die sonnenwärts beweget
Und schwingt das Gold, so Amor webt und windet –
Mit schönen Augen und mit Locken bindet
Das müde Herz, die flücht'gen Geister reget.

Was nur von Mark und Blut mein Körper heget,
Es zittert, wenn es Jener Näh empfindet,
Die Tod und Leben oftmahls, wie sich's findet,
In wandelbarer Schale schwenkt und wäget,

Seh' ich die Strahlen brennen, so mich zünden,
Die Knoten blitzen, welche mich gefangen,
Und sich ob recht und linker Schulter breiten.

Ich fass' es nicht; drum kann ichs nimmer künden;
Von solchen Lichtern ist mein Geist befangen,
Gedrückt und matt von solchen Süßigkeiten.

Einhundert fünf und sechszigstes Sonett

O schöne Hand, die um mein Herz sich schläget,
Die du mein Seyn umfängst in kleinem Runde;
O Hand, wo allen Fleiß und alle Kunde
Gott und Natur, zum Ruhm sich ausgeleget!

Fünf Perlen, wie der Orient sie heget,
Und grausam nur und hart für meine Wunde!
Ihr Finger zart, die Amor recht zur Stunde,
Mich reich zu machen, ohne Hülle reget!

O Handschuh du, so weiß und weich und theuer,
Deckend blank Elfenbein und frische Rosen!
Wer sah so schöne Hülle je auf Erden?

Hätt' ich doch Gleiches von dem schönen Schleyer!
O Unbestand von allen Erdenloosen!
Ein Raub ist's; und er wird entwandt mir werden.

Einhundert sechs und sechszigstes Sonett

Nicht bloß die nackte Hand vor andern Dingen,
Die sich, o Schmerz! auf's Neu' mir will entrücken,
Die andr' auch und zwey Arme an sich schicken,
Behend mein furchtsam friedlich Herz zu zwingen.

Tausend stellt Amor, kein' umsonst der Schlingen,
In seltner Reize Lust mich zu umstricken,
Die so den Leib, den himmlisch hehren, schmücken,
Daß Sprache nicht noch Geist so hoch sich schwingen:

Die heitern Augen, sternenlichten Braunen,
Der schöne engelische Mund, wo liegen
Bey Perl' und Rosen süßer Rede Wonnen,

Die alles zittern machen vor Erstaunen,
Die Stirn auch und die Locken, die besiegen
Am Sommermittag selbst den Glanz der Sonnen.

Einhundert sieben und sechszigstes Sonett

Mein Glück und Amor hatten mir bescheeret
So schöne Bordenzier von Gold und Seiden,
Daß auf der Zinn' ich stand von meinen Freuden,
Denkend bey mir, wem solches angehöret.

Und in's Gedächtniß mir der Tag nicht kehret,
Der Reichthum sollt' und Armuth gleich bescheiden,
Daß ich Verdruß und Schmerz nicht müßt' erleiden,
Von Reu' nicht würd' und Liebescham verzehret,

Weil meinen edlen Raub ich ließ entfliegen
Zur Zeit der Noth, mich's zaghaft ließ verdrießen,
Die Kraft nur eines Engleins zu bekriegen,

Weil ich zur Flucht nicht Flügel gab den Füßen,
Mindest der Hand Vergeltung zuzufügen,
Die mich so viel der Thränen heißt vergießen.   11

Einhundert acht und sechszigstes Sonett

Aus schönem, hellen, blank-lebend'gen Eise
Die Flamme steigt, die mich entbrennt, vernichtet,
Und Herz und Adern trocknet und verpflichtet,
Daß ich darob vergeh', unmerkbar leise.

Der Tod hat schon zum Schlag die Hand mit Fraise,
Ein Sturmgewölk, ein brüll'nder Leu, gerichtet,
Verfolgt mein Leben, das vor ihm sich flüchtet,
Und ich erbeb' und schweige zager Weise.

Wohl könnt' es seyn, daß Lieb' und Huld verbunden
Noch eine Doppelsäul' empor mir stiegen
Zwischen der matten Seel' und Todesschlage;

Doch glaub' ich's nicht, noch kann ich es erkunden,
In meiner süßen Feindinn Herrscherzügen;
Darob nicht *sie,* mein *Glück* ich nur verklage.

Einhundert neun und sechszigstes Sonett

Weh, daß ich glüh' und Eine nicht will trauen!
Es trauet alle Welt, nur nicht die Eine,
Die hoch vor Allen, die erwählte Meine;
Sie, scheint es, trauet nicht und kann's doch schauen.

Endlose Schönheit und kleinmüthig Bauen,
Seht ihr das Herz nicht in der Augen Scheine?
Wär's nicht mein böser Stern, es sollt', ich meyne,
Mitleid mir aus der Gnade Bronnen thauen.

Dieses mein Glühn, das euch so wenig theuer,
Und euer Ruhm, durch meine Vers ergossen,
Könnten noch Tausende vielleicht entzünden;

Im Geiste seh' ich schon, mein süßes Feuer,
Wie eine kalte Zung' und, fest verschlossen,
Ein Augenpaar nach uns viel Gluth entbinden.

12

Einhundert und siebenzigstes Sonett

Seele, die du von so verschied'nen Dingen
Siehst, hörst, ließt, sprichst und schreibst und denkest innen,
Ihr, meine Blick', und du vor andern Sinnen,
Der frommes Wort in's Herz du lässest dringen,

Wie ungern hättet ihr die Pfadesschlingen
Betreten, vor und eh', wo Nebel spinnen,
Konntet ihr die zwey Lichter nicht gewinnen,
Nicht liebe Spuren, die voraus euch gingen!

Nun mit so hellem Licht, solchem Geleite
Wird sonder Irrsal kurze Bahn durchschnitten,
Daß sie für ew'ge Wohnung uns bereite.

Ring' auf, mein schwacher Muth, zum Himmel, mitten
Durch Ihres süßen Zornes Nebel schreite,
Folgend dem Himmelsstrahl, den frommen Tritten.

Einhundert ein und siebenzigstes Sonett

Süß ist der Zorn, süß friedliches Bezeigen,
Süß jede Bürde, Kummer süß und Bangen.
Süß jedes Wort mit süßer Lust empfangen,
Wo süße Hauch' und süße Gluthen steigen.

Nicht klag', o Seele; duldend mußt du schweigen,
Mildern das bittre Süß, das uns befangen,
Mit süßer Ehr', aus Lieb' hervorgegangen
Zu ihr, zu der ich sprach: Dein bin ich eigen! –

Vielleicht kommt Mancher einst und rufet stöhnend
In süßem Neid: »Wohl viel hat übernommen
Für schönste Liebe der zu seinen Zeiten!«

Und Andrer: »O Geschick, mein Aug' verhöhnend!
Daß ich sie nicht gesehn! Daß sie gekommen
Nicht später, oder ich nicht mehr bey Zeiten!«   13

Einhundert zwey und siebenzigstes Sonett

Reißender Strom, der du aus Alpenquelle
Rauh dannen ziehst, daher du Rhodan heißest,
Und Tag und Nacht verlangend mit mir reisest,
Dich treibt Natur, mich Lieb' an gleiche Stelle.

Geh' du voraus: nicht zügelt deine Schnelle
Ermattung, Schlaf. Und ehe du erweisest
Sein Recht dem Meer, beachte, wo du kreisest
Um frisch'res Grün, in rein'rer Lüfte Helle,

Da strahlt unsrer lebend'gen Sonne Klarheit,
Die deinen linken Strand schmückt und umkleidet;
Vielleicht, daß sie bey meinem Zögern leidet.

Küß' ihr die schöne weiße Hand, die Füße!
Sag' ihr, der Kuß sey statt der Worte Süße!
Der Geist ist willig, schwach das Fleisch in Wahrheit.

Einhundert drey und siebenzigstes Sonett

Die süßen Höhn, wo ich mich ließ zurücke,
Denen ich fliehend nie doch kann entfliehen,
Ziehn mir voraus; die Amor mir verliehen,
Die theure Last, ruht ewig im Genicke.

Oft voll Verwund'rung auf mich selbst ich blicke,
Daß fort ich wandl' und mich, trotz allem Mühen,
Dem schönen Joche nimmer konnt' entziehen;
Je ferner ich, so näher ich ihm rücke.

Dem Hirsch gleich, dem vom Stahl die Wunde blutet,
Er flieht dahin mit giftgetränktem Pfeile,
Fühlt stärkern Schmerz, je stärker er sich sputet;

So ich, den Stahl im Herzen, der zum Theile
Den Tod mir gibt und mir zum Theil gemuthet;
Vor Schmerz vergeh' ich und ermatt' in Eile.

14

Einhundert vier und siebenzigstes Sonett

Die Ufer all' des Meeres ich durchspähe;
Vom Ebro bis Hydaspes fernen Pfaden,
Von rothen hin bis Kaspischen Gestaden
Nur einen Phönix weit und breit ich sehe.

Rechts welcher Rab' und linkshin welche Krähe
Sang mein Geschick? Welch' Parze spann den Faden?
Wie Schlangen find' ich taub das Ohr der Gnaden,
Von der ich hoffte, daß mir Heil geschähe.

Von Ihr nicht sprech' ich; aber der sie lenket,
Ließ Süß und Lieb' ihr Herz die Füll' erwerben;
So viel hat sie, so viel sie Andern schenket.

Und meine Süßigkeiten zu verherben,
Nicht merkt sie, oder scheint's, und nicht bedenket,
Wie sich vor Schlafenszeit die Schläfe färben.

Einhundert fünf und siebenzigstes Sonett

Lust spornet mich; Amor voraus mir ziehet;
Vergnügen lockt; Gewohnheit mich umschnüret;
Hoffnung schmeichelt und tröstet und berühret
Mit ihrer Hand mein Herz, das matt verglühet;

Das arme Herz ergreifet sie und siehet
Nicht, wie so blind und treulos, die uns führet;
Vernunft ist todt und Sinnlichkeit regieret;
Aus irrem Sehnen anderes erblühet.

Reiz, Tugend, süße Red', holdselig Weben
Haben an schöne Zweige mich gebunden,
Und fest hangt in Geduld mein Herz darinnen.

Tausend dreyhundert sechs und zwanzig eben,
Am sechsten Tag Aprils in erster Stunde,
Trat ich in's Labyrinth, wo kein Entrinnen.

15

Einhundert sechs und siebenzigstes Sonett

Der Freud' am Traum, im Schmachten Lust ich finde,
Schatten umarm', nach Sommerlüftchen gehe,
Durchschwimm' ein grundlos Meer ohn' Uferhöhe,
Pflüg' Aether, bau' auf Sand und schreib' in Winde,

Schau' in die Sonne so, daß ich erblinde
Im Glanz, vor dem erlischt des Auges Sehe,
Jage nach einem irren, flücht'gen Rehe
Mit hinkendem und schwach-langsamen Rinde.

Blind, matt für alles Andr', als meine Plage,
Nach der ich Tag und Nacht umgreifend wandle,
Ruf' Amor, Herrinn, Tod ich nur beym Nahmen.

So zwanzig Jahr' (o schwer' und lange Klage!)
Nur Thränen, Seufzer, Schmerz ich mir erhandle. –
In solchem Stern griff Köder ich und Hamen.

Einhundert sieben und siebenzigstes Sonett

Huld, die der Himmel Wen'gen gibt zu eigen;
Tugend, nicht heimisch in der Menschen Kreise;
Und unter blondem Haar Verstand der Greise;
Und Himmelsschönheit bey demüth'gem Neigen;

Ein huldreich fremd und einziges Bezeigen;
Ein Singen, so im Herzen nachtönt leise;
Der Engelgang: ein Geist, der glüher Weise
Das Härtste brechen muß und Hochmuth beugen;

Und schöne Augen, Herzen zu versteinen,
Mächtig, so Nacht als Tiefen zu erhellen,
Geister, dem Leib' entführt, andern zu geben;

Worte, die süßem, hohem Sinn sich einen,
Und lieblich unterbrochner Seufzer Schwellen;
Die Zauberer verwandelten mein Leben.

16

Einhundert acht und siebenzigstes Sonett

Bey edlem Blut ein Leben still zufrieden,
Ein reines Herz bey hoher Einsicht drinnen,
Des Alters Frucht bey Blüthen mitten innen,
Bey sinn'gem Ernste heitern Seelenfrieden

Hat dieser Herrinn ihr Planet beschieden,
Ja aller Sterne Herr, und echtes Sinnen,
Und Ruhm und Preis und muthiges Beginnen,
Wohl göttlichsten Poeten zu ermüden.

Mit Lieb' in ihr steht Sittsamkeit im Bunde,
Mit Schönheit der Natur des Schmuckes Prangen
Und ein im Schweigen hochberedtes Handeln,

Im Aug' ein Etwas, so zu selber Stunde
Nacht lichten kann und Tag mit Nacht umfangen,
Honig verbittern, Wermuth süß verwandeln.

Einhundert neun und siebenzigstes Sonett

Ich wein' am Tag', und Nachts, wo es beschieden
Elenden Sterblichen, zur Ruh zu gehen,
Schwimm' ich in Thränen, häufen sich die Wehen;
So spend' ich weinend meine Zeit hienieden.

In bitterm Naß muß ich das Aug' ermüden,
Das Herz in Leid, und mich den Aermsten sehen
Von allen Wesen; denn nicht zugestehen
Wollen der Liebe Pfeile mir den Frieden.

Weh! daß von ein' zu andrer Sonn' ich wandre,
Von ein' zu anderm Schatten! daß entflohen
Der größte Theil des Tods, der Leben heißet!

Mehr, als mein Weh, schmerzt, was verbrach das Andre,
Daß Mitleid und mein treuer Schutz mich lohen
Im Feuer sieht und mich ihm nicht entreißet.   17

Einhundert und achtzigstes Sonett

Anstimmen wollt' ich so gerechte Klagen
Einst, und in also glühen Reimen singen,
Daß Mitleidsflammen, dacht' ich, sollten dringen
In's harte Herz, kalt auch in Sommers Tagen;

Ein bös Gewölk, das eisig es umschlagen,
Sollt' in dem Hauch des heißen Worts zerspringen;
In Haß dacht' ich bey Andern die zu bringen,
Die mir verhüllt tödtlicher Augen Tagen.

Jetzt will nicht Haß ihr, mir nicht Gnad' ich finden;
Dies kann ich nicht, zu jenem fehlt der Wille.
Dazu hat Stern und Schicksal mich erlesen.

Doch ihre Götterschönheit will ich künden,
Daß, wenn ich abgeschüttelt diese Hülle,
Die Welt erfahr', wie süß mein Tod gewesen.

Einhundert ein und achtzigstes Sonett

Steht Jen' in hold- und schöner Frauen Runde,
Die nirgend in der Welt hat ihres Gleichen,
Dann macht ihr Antlitz andere erbleichen
Wie kleine Sterne Tages lichte Stunde.

In's Ohr dann flüstert mir's von Amors Munde:
»Weil diese blüht in unseren Bereichen,
Ist's Leben schön; doch wann sie wird entweichen,
Geht Tugend all', mit ihr mein Reich zu Grunde.«

Wie wenn Natur dem Himmel Mond und Sonnen,
Der Luft den Wind, der Erde Gras und Büsche,
Uns des Verstandes und der Rede Wonnen,

Dem Meere raubte Wogen so als Fische,
So hätt', und mehr noch, Oed' und Nacht begonnen,
Verschlöß der Tod mir ihres Auges Frische.

Einhundert zwey und achtzigstes Sonett

Der neue Sang, der Vöglein Klageweisen
In erster Frühe durch die Thäler hallen,
Und plätschernd rauschen flüssige Krystallen
Klar, frisch und leicht dahin in ihren Gleisen.

Die Schnee'ge mit dem Goldgelock, zu preisen,
Daß liebend nimmer sie in Trug verfallen,
Erweckt mich bey der Liebestänz' Erschallen,
Striegelnd die Silberlocken ihrem Greisen.

Erwacht grüß' ich Auroren und im Bunde
Mit ihr die Sonn', und andre, deren Sehen
Mich blendet' eh', und noch es thut zur Stunde.

Einst sah ich mit einander Beyd' erstehen,
Und sieh, in einer Stund', einer Secunde
Ließ die die Sterne, jene die vergehen.

Einhundert drey und achtzigstes Sonett

Von wannen nahm Amor das Gold, zu weben
Ein blondes Flechtenpaar? Und jene Rosen
Von welchen Dornen? Und von welchen Moosen
Den zarten, frischen Reif mit Puls und Leben?

Woher die Perlen, zügelnd zu umschweben
Der süßen Worte züchtig fremdes Kosen?
Woher der Stirn, der heitern, wolkenlosen,
Die Zauber all', die göttlich sie umweben?

Von welchen Engeln stieg, aus welcher Sphäre
Herab so himmlisches, so schmelzend Singen,
Daß wenig nun zu schmelzen bleibt hienieden?

Von welcher Sonn' entsprang des Lichtes Hehre
In Augen, die mir Krieg und Frieden bringen,
So mir das Herz in Eis und Feuer sieden?

19

Einhundert vier und achtzigstes Sonett

Welch Schicksal, welche Kräft' und Listen heben
Wehrlos auf's Neu zum Schlachtfeld mich von hinnen
Der Schmach? Ein Wunder wär' Entrinnen,
Mein wär' das Weh, verlör' ich da mein Leben.

Nicht Weh, nein, nur Gewinn! So freundlich weben
Die Funken und die helle Leuchte drinnen,
Die blendend mich in Gluthen läßt zerrinnen;
Sah' ich brennend doch zwanzig Jahr' entschweben.

Des Todes Bothen fühl' ich, wenn ich tagen
Und fernher blitzen seh' der Augen Flimmer;
Doch wenn sie näher sich mir aufgeschlagen,

Amor so süß dann netzt und ritzt mich immer,
Daß ich's nicht denken kann, geschweige sagen;
Das Wahr' erreichen Witz und Sprache nimmer.

Einhundert fünf und achtzigstes Sonett

Ihr Frauen, sinnig, froh, einsam zu sehen
Und in Begleit, die kosend hin ihr ziehet,
Sagt, wo mein Tod ist, wo mein Leben blühet;
Warum nicht unter euch, wie sonst geschehen? –

»Froh sind wir in der Sonn' Erinnrung, gehen
Leidvoll, weil uns die süße Freundinn fliehet,
Die Eifersucht uns ach! und Neid entziehet,
Den fremdes Glück verletzt, wie eigne Wehen.« –

Wer zügelt und beherrschet, die da lieben? –
»Die Seele nichts, den Leib Zorn, harter Wille;
Das hat sich ihr, manchmahl auch uns erwiesen.

Doch oft steht auf der Stirn das Herz geschrieben;
So sahn verdunkelt wir der Schönheit Fülle,
Und ihre Augen thauend überfließen.«

Einhundert sechs und achtzigstes Sonett

Wann Sol in's Meer taucht seinen goldnen Wagen,
Und Luft und mein Gemüth sich dunkel bräunen,
Sich Himmel schwärzt und Stern' und Mond erscheinen,
Wird eine Nacht voll Angst mir zugeschlagen.

Dann ach! red' ich von allen meinen Plagen
Zu ihr, die nichts vernimmt von meinem Weinen,
Hadernd mit Welt und Schicksals blindem Meynen,
Mit Herrinn, Lieb' und mir in lauten Klagen.

Der Schlummer ist verbannt, die Ruh' entfliehet,
Nur Seufzer bis zu Tages erstem Schimmer,
Und Thränen, die aus Herz in Auge fließen.

Aurora kommt, und hellt die Nacht; – *mich* nimmer!
Die Sonne nur, die mir das Herz durchglühet
Und labt, kann einzig meinen Schmerz versüßen.

Einhundert sieben und achtzigstes Sonett

Wenn Liebestreu', ein Herz, das sonder Lügen,
Ein süßes Schmachten, höfliches Verlangen,
Wenn frommer Wunsch in edler Gluth empfangen,
Wenn langes Irr'n auf Labyrinthes Stiegen,

Wenn jeglich Denken, frey gemahlt in Zügen,
Oder in Worten, die bald Scham, bald Bangen
Verschluckt, daß sie zum Ohre kaum gelangen,
Wenn Veilchenblaß, wo Liebesgluthen siegen,

Wenn Andre lieber als sich selbst gewinnen,
Wenn Weinen nur und Seufzen nach wie ehe,
An Schmerzen, Zorn und Kummer nur sich weiden,

Wenn fern erglühen, nah zu Eis gerinnen,
Die Gründe sind, daß liebend ich vergehe, –
Ist's, Herrinn, eure Schuld, und mein das Leiden.   21

Einhundert acht und achtzigstes Sonett

Zwölf Frau'n, Sterne vielmehr, froh, unbegleitet,
In Züchten müd', sah' ich, und mitten ragen
Die Sonn', auf einem Schifflein all' getragen,
Wie keines wohl durch Fluthen jemahls gleitet;

Nicht gleichet ihm, das Jason einst geleitet
Zum Vließ, nach dem die Menschen all' noch jagen,
Nicht das des Hirten, Troja noch zu klagen,
Von denen durch die Welt der Ruf sich breitet.

Sah dann sie auf dem Siegeswagen thronen,
Und meine Laura mit dem frommen Wesen
Zur Seite sitzend süße Lieder singen;

Nicht Menschending' und ird'sche Visionen!
Sel'ger Autumedon! Typhis! erlesen,
So holde Frauenschar zur Stell' zu bringen.

Einhundert neun und achtzigstes Sonett

Nie lebt' auf seinem Dach so abgeschieden
Ein Spatz, wie ich, kein Wild in dunklem Hage,
Seit mir Ihr Antlitz fehlt, der nichts ich frage
Nach andrer Sonn' und Augenlust hienieden.

Nur immer Weinen gibt mir Freud' und Frieden;
Speis' ist mir Gall' und Gift; das Lachen Klage;
Des Himmels Bläue Dunkel; Nacht ist Plage;
Das Bett ein hartes Schlachtgefild dem Müden.

Der Schlaf ist, wie der Mensch ihn nennt, in Wahrheit
Vater des Tod's, der freundlichen Gedanken
Das Herz entzieht, die es dem Leben einen.

Du einzig Land voll segensreicher Klarheit,
Ihr grünen Ufer, schatt'ge Blüthenranken,
Ihr habt mein Glück, – ich muß es fern beweinen!

22

Einhundert und neunzigstes Sonett

O Luft, die, blonden Locken angeschmieget,
Sie hebt und regt und, hold von seinem Scheine
Bewegt, zerstreut des süßen Goldes Reine
Und sammelnd es in schöne Knoten füget!

Du bist in Augen, wannen mich besieget
Wohl manch ein Pfeil, daß noch ich's fühl' und weine;
Und wankend such' ich, ob mein Schatz erscheine,
Wie scheues Roß, das oft am Boden lieget.

Denn bald find' ich ihn nah, bald dann gewahre
Ich ihn so fern; bald muß ich stehn, bald fallen;
Bald seh' ich, was ich wünsche, bald das Wahre.

Du Luft mit lichtem Strahl', beglückt vor Allen,
O bleib'! – Und Welle du, o flücht'ge, klare,
Warum kann ich statt dein dahin nicht wallen?

181

Einhundert ein und neunzigstes Sonett

Amor thät linke Brust mir auf, zu fügen
Und pflanzen drein, vom Herzen rings umfangen,
So grünen Lorbeer, daß sein lichtes Prangen
Wohl möchte jeglichen Smaragd besiegen.

Mit Seufzern schmückt' ihn so der Feder Pflügen
Und süße Wasser, die aus Augen drangen,
Daß Düfte dannen himmelwärts gegangen,
Wie sie wohl nie von andern Zweigen stiegen.

Holdseligkeit und Tugend, Ruhm und Ehre
Und zücht'ger Reiz bey engelreinen Sitten,
Das sind die Wurzeln dieser edlen Pflanze.

So find' ich drinnen sie, wohin ich kehre,
Selige Bürde! und mit frommen Bitten
Beug' ich die Knie' vor ihrem Heilgenglanze.

23

Einhundert zwey und neunzigstes Sonett

Ich sang, itzt wein' ich, und ein gleich Vergnügen,
Wie sonst am Singen, ich am Weinen finde;
Denn, nicht der Wirkung denkend, nur der Gründe,
Zur Höhe meine irren Sinne fliegen.

Gleich trag' der Härt' ich und der Sanftmuth Fügen,
Ob Zorn, ob Huld und Demuth sich entbinde;
So daß ich schwerer keine Last empfinde
Und meine Waffen keinem Zorn erliegen.

So mag nach alter Weise meinetwegen
Amor, Madonna, Welt, Geschick verfahren;
Doch denk' ich stets nur Freuden zu erwerben.

Glüh', sterb' und schmacht' ich auch; ein holder Pflegen.
Als mein's, ist unterm Mond nicht zu gewahren;
So süß erweist die Wurzel sich des Herben.

Einhundert drey und neunzigstes Sonett

Ich weint', itzt sing' ich, da ihr himmlisch Glühen
Nicht mehr die Sonn' entziehet meinen Blicken,
In der mich sittig Amor läßt erblicken
All' seine süße Kraft, sein fromm Bemühen,

Woraus er pflegte solchen Strom zu ziehen,
Schnell meines Lebens Faden zu zerstücken,
Daß mir nicht Furth, nicht Segel, Ruder, Brücken,
Selbst Fittige nicht gnügten zum Entfliehen.

So tief war und so reich der Thränen Quelle,
So weit das Ufer, daß kaum zu erstreben
Mit den Gedanken war die ferne Stelle.

Nicht Lorbeer, Palmen; Oehlbaums stille Reben
Sendet das Mitleid mir und spendet Helle,
Trocknet die Thrän' und will annoch mein Leben.

24

Einhundert vier und neunzigstes Sonett

Wohl hatt' ich ein zufrieden Loos gewonnen,
Von Haß war frey ich, wie von Thränengüssen,
Und wenn auch Andre glücklicher sich wissen,
Ein Weh ist besser, denn viel tausend Wonnen.

Nun hält so schwere, trübe Wolk' umsponnen
Die Augen, meinen Trost in Kümmernissen,
Von welchen dennoch kein' ich möchte missen,
Daß wie erloschen meines Lebens Sonnen.

Natur, o Mutter! mild und streng zu preisen!
Woher solch streitend Wollen dir, solch Können,
Grausam, was du so reizvoll schufst, zu trennen? –

Lebend'gem Quell ist jede Kraft entquollen;
Wie aber kannst du, höchster Vater, wollen,
Daß Andr' uns deine theure Gab' entreißen?

Einhundert fünf und neunzigstes Sonett

Held *Alexander* ward vom Zorn bezwungen,
Drob Philipp ihn zum Theil noch überragte;
Was half's, daß nur Lysipp sein Standbild wagte,
Zu mahlen ihn, Apellen nur gelungen?

So wüthend ward vom Zorn *Tydeus* durchdrungen,
Daß sterbend Menalippen er benagte;
Mit seinem Zorne Blindheit sich erjagte
Sulla, und ward zuletzt von ihm verschlungen;

Das kennt auch *Valentinian,* erkoren
Durch Zorn zum Weh, und, der daran gestorben,
Ajax, der Viel' erschlug und sich am Ende.

Der Zorn ist kurze Wuth und unbeschworen
Wird's lange Wuth, und dem, der sie erworben,
Wird Schande oft, zuweilen Tod zur Spende.

25

Einhundert sechs und neunzigstes Sonett

Wie wohl ist mir geschehen, als dem Einen
Der schönsten Augen, die es je gegeben,
Da ich es sah von Schmerz und Nacht umgeben,
Die Kraft entstieg, die Schwäche gab dem meinen!

Nach langem Fasten sah ich mir erscheinen,
Um die allein ich Sorge trag' im Leben;
Himmel und Amor sah' ich milder weben,
Als je, und alle Hulden mir vereinen.

Aus rechtem Aug', nein, rechter Sonne stiegen,
Der Herrinn, mir in rechten Auges Spiegel
Die Wehn, die, statt zu schmerzen, mich vergnügen;

Kamen, als hätten sie Verstand und Flügel,
Den Sternen gleich, die durch den Himmel stiegen,
Natur und Mitleid lenketen die Zügel.

Einhundert sieben und neunzigstes Sonett

O Kämmerlein, ein Port mir sonst nach Tagen
Voll schwerer Stürme, freundlich aufgeschlossen;
Ein Quell von Thränen nun, zu Nacht ergossen,
Die Tags verborgen ich vor Scham muß tragen!

O Bettlein, Ruhstatt einst und Trost in Plagen!
Aus welchem Schmerzenskrug hält dich umflossen
Amor mit jener schnee'gen Hand, entschlossen,
Grausam und wider Recht nur mich zu schlagen?

Nicht dich, o Heiligthum, o Ruhstatt, flieh' ich!
Mir selbst nur will ich und dem Bild entrinnen,
Mit dem ich sonst emporflog zu den Höhen.

Nach mir verhaßt feindsel'gem Pöbel zieh ich,
(Wer glaubt's?) da eine Zuflucht zu gewinnen;
So fürcht' ich mich, mit mir allein zu stehen.

26

Einhundert acht und neunzigstes Sonett

Weh, Amor trägt mich, meinem Wunsch entgegen, –
Ich seh' es deutlich, – auf verboth'nen Pfaden;
Drum ihr, die mir im Herzen thront voll Gnaden,
Werd' lästig ich; nicht war das sonst mein Pflegen.

Kein kluger Schiffer wahrt' auf Klippenwegen
Sein Schiff, mit köstlich-reicher Fracht beladen,
Wie ich mein schwaches Boot bewahrt vor Schaden
Von ihres unbeugsamen Stolzes Schlägen.

Doch ew'ger Seufzer Stürm' und Thränenschauer,
Die meine Fluth mit Winter überzogen
Und Schreckensnacht, haben es hin getrieben,

Wo Andern Leid es, Qual sich bringt und Trauer,
Und Andres nicht, bezwungen so von Wogen,
Daß Segel nicht, noch Steuer ihm geblieben.

Einhundert neun und neunzigstes Sonett

Amor, ich irr’, und seh’, daß irr’ ich gangen!
Doch, wie wem Flammen an dem Busen zehren,
Nimmt ab Vernunft, weil sich die Schmerzen mehren,
Liegt wie von Weh bezwungen und gefangen.

Zu zügeln pflegte sie mein heiß Verlangen,
Der Stirne heitern Frieden nicht zu stören. –
Nicht mehr! des Zügels muß die Hand entbehren,
Verzweifelnd hat die Seele Muth empfangen.

Drum, stürmet sie, entfremdet ihrem Style,
Machst du’s, der du sie immer spornst auf’s Neue,
Daß sie die rauh’sten Wege sucht zum Ziele;

Und mehr der Himmelsgaben seltne Weihe
In meiner Herrinn. Mache, daß sie’s fühle
Mindest und meine Schuld sich selbst verzeihe.

Zweyhundertstes Sonett

Verstand der Engel, königliches Walten,
Geschärfter Blick, Luchsaugen, Geistes Helle,
Hohe Gedanken, weiser Vorsicht Schnelle,
Die solchen Herzens werth fürwahr zu halten,

Sah schönen Kranz der Frauen sich entfalten,
Daß reicher Glanz dem Feste sich geselle,
Und fand die schönst’, ein Kenner, auf der Stelle
Unter so vielen herrlichen Gestalten.

Andern, die über ihr an Zeit und Glücke,
Befahl er mit der Hand, zurück zu weichen,
Und grüßete die Eine, Huld im Blicke,

Und drückt’ ihr einen Kuß, der Milde Zeichen,
Auf Aug’ und Stirn zu aller Andern Freude;
Ich sah das süß’ und fremde Thun mit Neide.

Zweyhundert und erstes Sonett

Zu Amor mußt' und muß ich jetzt noch flehen,
Mir eure Gnade wieder zu gewinnen,
Süß Leiden, herbe Lust! wenn treues Minnen
Mich abwärts zog von graden Pfades Höhen.

Nicht läugn' ich's, Herrinn, könnt' auch nicht geschehen,
Daß die Vernunft, so alle Guten inne
Zügelt, der Lust erliegt, die oft von hinnen
Mich führt, wohin mich's treibt, ihr nach zu gehen.

Ihr mit dem Herzen, daß der Himmel gnädig
Mit hellem Geist und hoher Tugend kläret,
Wie je von güt'gem Stern herabgeglommen,

Mitleidig müßt ihr sprechen, Zornes ledig:
»Was kann er sonst? Mein Antlitz ihn verzehret;
Begieriger, ich schön. – Kann's anders kommen?«

Zweyhundert und zweytes Sonett

Der hohe Herr, vor dem nicht flücht'ge Eile,
Wehr und Verbergen Schutz vermag zu spenden,
Hatte mein Herz, zur Freud' es hinzuwenden,
Entbrannt mit einem glühen Liebespfeile;

Und schmerzt' auch tödtlich gleich in erster Weile
Der Schuß; um sein Beginnen zu vollenden,
Nahm einen Pfeil des Mitleids er zu Händen,
Daß er dem Herzen Wund' auf Wund' ertheile.

Die eine Wunde Gluth und Flamm' entbindet,
Thränen die andre, so aus Augen senket
Der Schmerz, der mich um euer Leid befangen.

Erguß von zweyen Quellen nicht ertränket
Ein Fünklein nur der Brunst, die mich entzündet,
Vielmehr durch Mitleid wächset das Verlangen.

Zweyhundert und drittes Sonett

O müdes, liebes Herz, sieh' jene Höhen!
Da ließ ich gestern die, so, uns in Treuen
Ein Weilchen hold, darob empfand ein Reuen,
Nun unserm Aug' entlocket ganze Se'en.

Kehr du dahin; gern will allein ich stehen;
Sieh', ob's noch Zeit, die Schmerzen zu zerstreuen,
Die bis anjetzt nur stärker sich erneuen,
Prophet du und Genosse meiner Wehen! –

»O du, in Selbstvergessenheit befangen,
Sprechend, als wär' dein Herz dir noch zur Seiten,
Armer Verblendeter in eitlem Sinnen!

Denn als von deinem theuersten Verlangen
Du dannen zogst, mocht' es dich nicht begleiten,
Und barg sich tief in schönen Augen drinnen.«

29

Zweyhundert und viertes Sonett

Du grüne Höh' mit schatt'gen Blüthenbogen,
Wo singend ruht, oder in sich gekehret
Von ew'gen Geistern Zeugniß uns gewähret
Sie, die der Welt all' ihren Ruhm entzogen;

Mein Herz, das ihretwegen mir entflogen,
Und weislich thut und mehr, so nie es kehret,
Sucht, wo das Gras, vom schönen Fuß geehret
Aus diesen Augen Feuchtigkeit gesogen.

Es seufzt und spricht bey jedem Schritt mit Greinen:
»Ach, wär' ein Weilchen hier des Grams Geselle,
Der müde schon vom Leben und vom Weinen!«

Sie lachet, und verschieden sind die Fälle;
Herzlos gleich' ich dem Stein', du Edens Hainen,
O glückliche, o heil'ge, süße Stelle!

Zweyhundert und fünftes Sonett

Schlimmes bedrängt mich, Schlimmeres ich sehe,
Und einen Pfad zu ihm, gar breit und eben;
In gleichen Wahnsinn hab' ich mich ergeben,
Mit dir befangen in demselben Wehe.

Weiß nicht, ob ich um Krieg, um Frieden flehe;
Schwer ist der Schaden; bös, in Schande leben.
Doch warum zagen? – Will nicht widerstreben
Des Ew'gen Rathschluß, was mir auch geschehe.

Zwar bin ich würdig nicht der Ehr' und Güte,
So du mir angethan; dich täuscht dein Minnen,
Das auch gesundes Aug' oft falsch läßt sehen.

Doch himmelwärts zu heben mein Gemüthe,
Ist mein Entschluß, zu spornen Herz und Sinnen; –
Kurz ist die Zeit und langer Weg zu gehen.

30

Zweyhundert und sechsstes Sonett

Ein frisches Rosenpaar, gepflückt in Eden,
Ehgestern, bey des ersten May's Entfalten,
Ein schön Geschenk von liebem, klugen Alten,
Zwey Jüngeren gereicht, eine für Jeden,

Mit einem Lächeln und so süßem Reden,
Zu rühren auch den rauhen Mann und kalten,
Mit strahlenden Gefunkels süßem Walten
Verändert' es im Angesicht Jedweden.

»Nicht sieht ein gleiches Liebespaar die Sonne!«
Sprach lächelnd er und seufzete dazwischen,
Und beyd' umarmend wandt' er sich im Runde.

So theilt' er seiner Wort' und Rosen Wonne;
Drob noch im Herzen Freud' und Furcht sich mischen.
O sel'ge Rednergab', o frohe Stunde!

Zweyhundert und siebentes Sonett

Die Luft, die grünen Lorbeer sanft beweget,
Und goldenes Gelock, erseufzend leise,
Mit solchen Anblicks neu-holdsel'ger Weise
Seelen hinweg aus ihren Leibern träget.

O weiße Ros', in rauhem Dorn geheget,
Wann kommt, der deines Gleichen find' im Kreise,
Stolz unsrer Zeit? – Gib, Vater, daß die Gleise
Der Erd' ich lass', eh' Ihre Stunde schläget!

Daß ich nicht seh' das allgemeine Klagen,
Der Welt ihr einzig Sonnenlicht entrissen;
Den Augen, die kein andres Licht ertragen;

Der Seele, die von Anderm nichts mag wissen;
Und Ohren, die nach Anderm wenig fragen,
Sollen Ihr süßes, frommes Wort sie missen.

31

Zweyhundert und achtes Sonett

Vielleicht glaubt Mancher, daß zu weit ich gehe,
Wenn meine Erdenheilige ich preise,
Und über Alle sie als fromm und weise,
Als adlig, ehrbar, schön und hold erhöhe.

Mir scheint es anders, und in Furcht ich stehe,
Daß sie mein Wort zu niedrig schmäh' und leise,
Sie werth wohl einer höhern, feinern Weise;
Wer zweifelt, komme, daß er selbst sie sehe.

Und heißen wird es dann: Wonach er ringet,
Athen wohl könnt' es und Arpinum quälen,
Mantua, Smyrna, ein' und andre Leyer.

Irdischer Sprache ziemet nicht die Feyer
Des Göttlichen. Nicht durch ein freyes Wählen,
Durch Schickung Amor sie bewegt und zwinget.

Zweyhundert und neuntes Sonett

Wer sehn will, was hier unter uns gewähren
Natur und Himmel, komme sie zu sehen,
Erwählt, nicht mir nur sonnig aufzugehen,
Den Blinden auch, die keine Tugend ehren.

Und komme bald; denn, die der Schuld entbehren,
Raubt erst der Tod und läßt die Schuld'gen stehen;
Sie, die Ersehnte in der Götter Höhen,
Schön Erdending, vergeht und kann nicht währen.

Sehn wird er, kommt er bald, all' königliche
Sitt', alle Tugend, allen Reiz zum Kranze
In einem Leibe wunderbar sich einen;

Wird sagen dann, stumm seyen meine Sprüche,
Mein Geist geblendet von dem hehren Glanze;
Doch kommt er später, wird er ewig weinen.

Zweyhundert und zehntes Sonett

Wie wird mir bang, tritt vor die innern Sinnen
Der Tag, da ich schwermüth'gem Ernst ergeben
Die Herrinn ließ, bey ihr mein Herz! Im Leben
Mag keinem Ding' so gern und oft ich sinnen.

Ich seh' sie dann demüthig mitten drinnen
Bey schönen Frau'n sich wie die Ros' erheben
Aus Blümlein klein, nicht froh, nicht traurig eben;
Wie wer ein nahes Unglück fürchtet innen.

Sie hatt' all' sonst'gen Schmuck von sich geleget,
Gewand der Freude, Perlen, Kränze, Spangen,
Lachen, Gesang und Rede süß-gewichtig.

So ließ mein Leben ich von Fahr umheget.
Ahndungen, Träum' und Nachtgebild' umfangen
Mich nun, und gebe Gott, daß alles nichtig!

191

Zweyhundert und eilftes Sonett

Sonst pflegt' im Traum mir fernher Trost zu reichen
Die Herrinn durch ihr englisches Erscheinen;
Jetzt sendet sie mir Schrecken nur und Weinen,
Nicht kann ich mehr der Qual, der Furcht entweichen.

Oft seh' auf ihrem Antlitz ich die Zeichen
Des Mitleids sich mit bitterm Schmerz vereinen,
Und höre Dinge, die Beweis mir scheinen,
Daß ihre Seegel Freud' und Hoffnung streichen.

»Gedenkst du noch der letzten Abendstunde,«
Spricht sie, »als ich dein Auge ließ in Zähren,
Und, von der Zeit gedrängt, von dir geschieden?

Da konnt' ich nicht, noch mocht' ich dich belehren!
Jetzt sag' ich dir, als wahr' und sichre Kunde:
Nicht hoffe, je zu sehen mich hienieden!«   33

Zweyhundert und zwölftes Sonett

O jammervolles, schreckliches Gesichte!
So ist's denn wahr, daß dieses Sternes Hehre
So früh erlosch, der in des Jammers Schwere,
In Hoffnung bey mir stand mit seinem Lichte? –

Wie aber kommt's, daß ich so groß Gerüchte
Von andern Bothen, von ihr selbst nicht höre? –
Nein! Gott nicht und Natur hätten deß Ehre;
Mein Glaube war ein eiteles Gedichte!

Wohl mir, daß noch den Anblick zu erleben
Des schönen Angesichts, ich hoff' und träume,
Zur Stütze mir, der Welt zum Schmuck gegeben!

Doch wenn der schönen Herberg' enge Räume
Sie floh, zur ew'gen Wohnung aufzuschweben,
So fleh' ich, daß mein letzter Tag nicht säume.

Zweyhundert und dreyzehntes Sonett

Ich wein' und sing', von Zweifeln bang umrungen,
Und fürcht' und hoff', ausathmend all' mein Kränken
In Vers' und Seufzern; Amors Streiche lenken
All' auf mein Herz sich, so von Weh durchdrungen.

Wird je dies fromme Angesicht, bezwungen,
Sein erstes Licht dem Auge wieder schenken? –
(Nicht weiß ich ach! was ich bey mir soll denken)
Oder hat's ew'ge Thränen ihm bedungen?

Den Himmel zu empfahn, der ihm gebühret,
Vergaß es, daß zwey Augen hier noch tagen,
Denen es Sonne, die nichts Andres rühret?

In solchem Krieg ohn' End', in solchem Zagen
Leb' ich ein Leben, wie ich nie geführet,
Wie wer umirrt, auf dunkeln Pfad verschlagen.

Zweyhundert und vierzehntes Sonett

O süße Blick', o Wörtlein klug gewendet,
Werd' ich euch hören je auf's Neu' und spüren?
O blonde Locken, die mein Herz umschnüren,
In deren Haft zum Tod' es Amor sendet;

O schön Gesicht, zum Unheil mir gespendet,
Drob Thränen nur genußlos zu verlieren;
O Trug der Lieb', o schmeichelndes Verführen,
Mir Lust zu geben, so in Leid nur endet!

Und wenn aus schönen, sanften Augen dringet,
Wo mein Gedank' und Leben wohnet innen,
Ein sittig holder Blick vielleicht zu Zeiten;

Dann schnell, daß meine Freuden all' zerrinnen,
Entfernt mich, oder Ross' und Schiffe bringet
Mein Loos, stets fertig, Weh mir zu bereiten.

Zweyhundert und fünfzehntes Sonett

Ich lausch' und kann doch Kunde nicht erlangen
Von meiner süßen Gegnerinn Beginnen;
Noch weiß ich, was ich sagen soll und sinnen,
So wiegt das Herz in Hoffnung sich und Bangen.

Schon Einigen hat Schönheit Weh verhangen;
Schöner ist sie, als All', und keuscher innen;
Vielleicht daß Gott so Reine trug von hinnen,
Daß sie ein Stern am Himmel sollte prangen,

Ja eine Sonne; drum mit langen Leiden
Und kleinen Rasten muß mein Leben gehen
Zu Ende nun. Warum, o hartes Scheiden,

Hältst du so ferne mich von meinen Wehen?
Vollbracht sind meines Schauspiels kurze Freuden,
Auf halbem Weg zum End' ich schon ersehen.

35

Zweyhundert und sechszehntes Sonett

Wenn frohe Liebende aus einem Munde
Auroren schmähen, nach dem Abend langen:
Mehrt mir der Abend Thränen nur und Bangen,
Ist mir der Morgen glücklichere Stunde.

Dann öffnet oft in einerley Secunde,
Zwey Osten ein' und andrer Sonne Prangen,
Die, gleich von Schönheit und von Licht umfangen,
Den Himmel ziehn zur Erd' im Liebesbunde;

Wie, als die ersten grünen Zweig' in's Leben
Sproßten, die mir durch's Herz die Wurzel breiten,
Um die ich Anderm mehr, als mir ergeben.

So geht es mir von zwey verschied'nen Zeiten;
Mit Recht drum segn' ich, die mir Ruhe geben,
Und fürcht' und hasse, die mir Weh' bereiten.

Zweyhundert und siebenzehntes Sonett

O könnt' ich doch der Rach' an ihr genesen,
Die mich durch Blick und Rede gleich zerstöret,
Und dann zu größerm Leid sich abwärts kehret,
Bergend die Augen mir, die süß und bösen!

So meiner Geister matt bekümmert Wesen
Sauget mir aus allmählich und verzehret
Und brüllend, wie ein Leu, an's Herz mir fähret
Die Nacht, so ich zur Ruhe mir erlesen.

Die Seele, die sonst nur der Tod verdränget,
Scheidet von mir, und, ihrer Schling' entkommen,
Fliegt sie zu ihr, die drohend sie empfänget.

Wohl hat es manchmahl Wunder mich genommen,
Daß, wenn sie spricht und weint und sie umfänget,
Ihr Schlaf nicht flieht, wann Solches sie vernommen.

36

Zweyhundert und achtzehntes Sonett

Wonach ich seufz' und streb', auf schönen Wangen
Hing sehnend fest mein Blick; als, – wie zu fragen:
»Was denkst du?« – Amor vor mir aufgeschlagen
Die theure Hand, mein anderes Verlangen.

Wie Fisch' im Netz hing da mein Herz gefangen,
Woraus durch Beyspiel gute Werke tagen,
(Nicht merkten es die Sinne vor Behagen)
Wie Vögelein im Leim an Zweigen hangen.

Der Blick doch, dem sein Gegenstand genommen,
Wollte wie träumend sich den Weg bereiten,
Ohn' den doch all' sein Glück nur unvollkommen.

Die Seele, zwischen beyden Herrlichkeiten,
Fühlte sich wie von Himmelslust beklommen,
Empfand, ich weiß nicht, was für Süßigkeiten.

Zweyhundert und neunzehntes Sonett

Hell sah' ich Funken aus zwey Lichtern tagen
Und flimmernd gegen mich heran sich spinnen,
Und seufzend her aus klugem Herzen rinnen
Beredsamkeit auf sanfter Fluth getragen,

Daß beym Erinnern schon ich will verzagen,
Gedenk' auf's Neu' ich jenes Tages innen,
Wie damahls überrascht ich kam von Sinnen,
Als sie gewohnter Härte sich entschlagen.

Die Seele, stets genährt in Schmerz und Leiden,
(So Viel vermag ein alt befestigt Pflegen!)
Vermochte nicht, das Doppelglück zu fassen,

Da schon beym Vorgeschmack so neuer Freuden
Sie Furcht und Hoffnung wechselnd bang bewegen,
Und zweifelnd oft sie zögert, mich zu lassen.

37

Zweyhundert und zwanzigstes Sonett

Stets sucht' ich Einsamkeit vor allen Dingen,
(Die Ströme wissen's, Felder und Gebüsche)
Daß ich den Tauben, Blinden nur entwische,
Die fernab von des Himmels Pfaden gingen.

Und könnt' ich meiner Wünsche Ziel erringen,
Fern von Toscanerlandes süßer Frische
Hielt mich auf ihren Hügeln voller Büsche
Die *Sorga,* die mir weinen hilft und singen.

Mein Schicksal aber, immerdar mir feindlich,
Stößt dahin mich zurück, wo ich mein Glücke,
Den theuren Schatz, leidvoll im Schlamm erblicke.

Der Hand, mit der ich schreibe, ward es freundlich
Diesmahl, die wohl nicht unwerth solchen Preises;
Amor, der sieht's, ich und Madonna weiß es.

Zweyhundert ein und zwanzigstes Sonett

In solchem Stern hab' ich zwey Augen sehen,
An Huld und Tugend allen überlegen,
Daß vor der holden Liebesnester Regen
Mein Herz all' andre Freude muß verschmähen.

Nicht kann vor Ihr das Herrlichste bestehen,
Was fremde Land' und ferne Zeiten hegen,
Nicht, die gebracht einst ihrer Schönheit wegen
Den Griechen Noth, Troja die letzten Wehen;

Ihr weicht das schöne *Römerweib*, deß Eisen
Die keusche, zorn'ge Brust durchstach, ingleichen
Hypsipyle, Argia, Polyxene.

Wohl mag Natur sich hoch ob solcher Schöne,
Ich will in ihr mein höchstes Labsal preisen!
Doch was? Sie kommt so spät, schnell zu entweichen.

38

Zweyhundert zwey und zwanzigstes Sonett

Welche der Frau'n nach hohem Ruhme strebet,
Den Weisheit, Kraft, Holdseligkeit begründen,
Wird ihn in meiner Feindinn Augen finden,
Welche die Welt als meine Frau erhebet;

Wie Ehre sich erwirbt, in Gott sich's lebet,
Wie Anmuth sich und Ehrbarkeit verbinden,
Man lernt es da; und wie aus Erdengründen
Zum Himmel, der sie wünscht, grad auf man schwebet;

Die Red' auch, so kein Griffel je erreichet,
Und schönes Schweigen und das fromme Pflegen,
Die zu beschreiben weiß kein menschlich Sinnen. –

Blendende Schönheit, der sich nichts vergleichet,
Lernt da sich nicht; denn süßer Lichter Regen
Ist Himmelsgabe, kann nicht Kunst gewinnen.

Zweyhundert drey und zwanzigstes Sonett

»Werthvoll ist's Leben, und nach ihm zu preisen
In schönen Frau'n ein ehrbarliches Streben.« –
Kehrt's um, o Mutter; nie ja hat's gegeben
Schönheit und Werth ohn' ehrbarlich Befleißen;

Und die sich ihre Ehre läßt entreißen,
Ist weder Frau, noch auch lebendig eben;
Und scheint sie's auch, ist's schuldvoll rauhes Leben
Schlimmer als Tod und herbste Pein zu heißen.

Nicht hat Lucretia Wunder mich genommen,
Als daß zum Tod das Schwert sie mußt' ergreifen,
Da schon der Schmerz allein ihr sollte gnügen.

Die Weisen aller Zeiten mögen kommen
Und sprechen drob; sie all' am Boden streifen;
Nur Jene sehen himmelwärts wir fliegen.

39

Zweyhundert vier und zwanzigstes Sonett

O Baum du der Triumph' und Sieg', erzogen,
Feldherrn- und Dichter-Scheitel zu umweben,
Wie viel in diesem kurzen Erdenleben
Hast du mir Leid und Freuden zugezogen!

Wahrhafte Herrinn, Einem nur gewogen,
Der Ehre, so vor Allen dir gegeben.
Nicht Amors Schling' und Netz macht dich erbeben,
Deinen Verstand hat keine List betrogen.

Adel des Bluts und was von werthen Schätzen
Hier unter uns, Gold, Perlen und Rubinen,
Verachtest all' du gleich als eitle Bürde.

Die hohe Schönheit, der nichts gleich zu setzen,
Kann nur so weit sich deine Huld verdienen,
Als sie der innern Keuschheit Schmuck und Zierde.

Zweyhundert fünf und zwanzigstes Sonett

Das wilde Herz, das rauhe Widerstreben,
Die in demüth'gem Engelleibe schalten, –
Sollt' alte Strenge lange noch sich halten, –
Siegen sie auch, ist's ehrenvoll nicht eben.

Ob Blüth' und Gräser sterben oder leben,
Ob Nächte dunkeln, Strahlen sich entfalten,
Ich wein', und darf wohl Klage lassen walten
Ob Schicksals, Amor's und der Herrinn Weben.

Von Hoffnung leb' ich nur, seit ich gesehen,
Daß wen'ger Tropfen wiederhohlte Schläge
Marmor und feste Steine schon durchdrangen.

Nicht gibt's so hartes Herz, das nicht durch Flehen,
Durch Lieb' und Thränen endlich sich bewege,
Nicht kalter Sinn, der Gluth nicht sollt' empfangen.

40

Zweyhundert sechs und zwanzigstes Sonett

Mein theurer Herr, mich treibet all' mein Sinnen,
Zu sehen euch, den immerdar ich sehe;
Doch mein Geschick (und gäb' es größer Wehe?)
Dreht mich und kreist und läßt mich nicht entrinnen.

Das Amor ein mir flößt, mein sehnend Minnen
Führt mich zum Tod, eh' ich mir versehe;
Und weil ich rings nach zweyen Lichtern spähe,
Seufzt, wo ich sey, mir Tag und Nacht es innen.

Liebend zur Herrinn und zum Herrn gezogen,
Lieg' ich in Ketten drin mit vielen Schmerzen,
Ob wohl ich selber sie mir umgewunden.

Adlige Säul' und Lorbeers grünen Bogen,
Den achtzehn, jene fünfzehn Jahr' im Herzen
Trug ich; und hab' Erlösung nie gefunden.

41

Zweyhundert sieben und zwanzigstes Sonett

Ach, schön Gesicht! ach, holden Blickes Neigen!
Ach, anmuthreiches, stolz-erhab'nes Walten!
Ach Wort, das rauhen Sinn konnt' umgestalten
In Demuth und zum Tapfern schuf den Feigen!

Ach süßes Lächeln mit dem Pfeil, ihm eigen,
Wovon ich Tod, nichts Bess'res werd' erhalten!
Ach, hohe Seel', als Kön'ginn werth zu schalten,
Konntest du früher zu uns niedersteigen!

Für euch nur muß ich athmen, für euch brennen;
Ganz bin ich euer! Müßt' ich euch entbehren,
Minder würd' ich all' andres Weh beklagen.

Mit Hoffnung habt ihr mich erfüllt beym Trennen
Von meinem höchsten Gut, und mit Begehren;
Doch hat der Wind die Wort' hinweggetragen.   45

Zweyhundert acht und zwanzigstes Sonett

Die Säule brach und Lorbeers grüner Bogen,
Die Schatten meinem müden Geist beschieden;
Hin ist, was nicht mehr zwischen Nord und Süden
Nicht zwischen Morgenland und Indiens Wogen!

Hast, Tod, mich um den Doppelschatz betrogen,
Der stolz mich gehn und leben hieß in Frieden;
Nicht Land, noch Herrschaft gibt zurück hienieden,
Noch Ostens Reichthum, was du mir entzogen.

Doch ist es so beschlossen vom Geschicke,
Was kann ich mehr, denn trüben Sinnes leben,
Gesenkter Stirn, mit immer feuchtem Blicke?

O unsers Daseyns trügerisches Weben!
Wie leicht entflieht in Einem Augenblicke,
Was mühsam viele Jahre kaum erstreben!

Zweyhundert neun und zwanzigstes Sonett

Der Tod zerriß den Knoten, der seit Jahren,
Seit ein und zwanzig, glühend mich gebunden;
Und nimmer hab' ich solche Last empfunden.
Daß Schmerz nicht tödtet, hab' ich da erfahren.

Amor, mich neuem Wehe aufzusparen,
Hatt' unterm Gras ein andres Netz gewunden,
Mit neuem Zunder andre Gluth entzunden,
Und nur mit Müh' entrann ich den Gefahren.

Und war nicht ersten Kummers langes Wissen,
War ich gefangen und so mehr entzündet,
Je mehr die Gluth vermag an dürrem Stamme.

Zum zweytenmahl hat mich der Tod entrissen,
Zersprengt das Netz, erlöscht, zertheilt die Flamme,
Den weder Kraft noch Klugheit überwindet.

Zweyhundert und dreyßigstes Sonett

Daß Leben flieht und kann nicht Ruhe finden,
Und eilend kommt der Tod ihm nachgegangen,
Und Gegenwärtiges, und was vergangen,
Ja Zukunft selbst mir steten Kampf entbinden;

Erwartung und Erinnerung entzünden
Mich wechselnd so, daß, hielte nicht ein Bangen,
Ein Mitleid mit mir selber mich gefangen,
Längst hinter mir des Lebens Schranken stünden.

Da schwebt mir vor, was Süßes je beschieden
Traurigem Herzen; anderseits dann schaue
Mein Schiffen ich ringsum bedroht von Stürmen;

Ich seh' das Glück im Port und schon ermüden
Den Steuermann, zerbrochen Mast und Taue,
Und bleich die schönen Lichter, so mich schirmen.

Zweyhundert ein und dreyßigstes Sonett

Was thust, was denkst du, daß du nur nach Tagen
Zurücke schaust, die niemahls wiederkommen,
Trostlose Seele? Und von Loh' umglommen,
Warum noch willst du Holz zum Feuer tragen?

Die sanften Wort' und süßer Blicke Tagen,
Die du beschrieben bis auf's Kleinst', entnommen
Sind sie der Erd' und nichts mehr kann da frommen,
(Du weißt's) sie sind hier nirgend zu erfragen.

Ach! nicht erneue, was uns Tod bereitet!
Von irren Wahngebilden sey geschieden,
Festes gesucht, was uns zum Glück geleitet;

Zum Himmel auf, gefällt uns nichts hienieden! –
Verderblich ward so Schönes ausgebreitet,
Wenn todt, wie lebend, es uns nimmt den Frieden.

47

Zweyhundert zwey und dreyßigstes Sonett

Harte Gedanken, laßt in Ruh' mich fahren!
Nicht g'nug, daß Amor, Tod und Schicksal liegen
Mir an der Pfort' und ringsum mich bekriegen,
Soll drin ich andre Streiter noch gewahren?

Und du, mein Herz, noch bist du, wie vor Jahren,
Treulos an mir nur, daß den wilden Zügen
Die Thür du öffnest, froh, dich anzuschmiegen
Der Feinde leichten und gewandten Scharen.

In dir hegt Amor die geheimen Bothen,
Entfaltet Schicksal alle seine Ehren,
Tod die Erinnerung von jenem Schlage,

Der meines Lebens Rest noch muß zerstören;
In dir wird Wahn bewehrt und aufgebothen;
Drum ich um all' mein Weh nur dich verklage.

Zweyhundert drey und dreyßigstes Sonett

Augen, verhüllt ist unsrer Sonne Glühen,
Ja strahlend ward zum Himmel sie erhöhet.
Da sehn wir einst sie wieder; harrend stehet
Sie dort und klagt vielleicht, daß wir verziehen.

Ihr meine Ohren, andrem Ohr' erblühen
Die Engelsworte, das sie baß verstehet;
Ihr Fuße, euer Recht dahin nicht gehet,
Wo sie, die euch gemacht so viel der Mühen.

O daß ihr diesen Kampf mir drum erließet!
Durch mich nicht habt ihr den Besitz des Schönen,
Sein Sehen, Hören, Finden eingebüßet.

Tadelt den Tod; doch preiset vielmehr jenen,
Der knüpft und löst, öffnet zugleich und schließet,
Und der auch froh zu machen weiß nach Thränen.

Zweyhundert vier und dreyßigstes Sonett

Seit so mit Schmerz das plötzliche Entschweben
Des heitern Engelansichts zerrissen
Die Seel' und sie umhüllt mit Finsternissen,
Such' ich durch Sprechen meine Pein zu heben.

Gerechter Schmerz läßt Klage mich erheben;
Das weiß, wer Schuld, auch Amor wird es wissen;
Denn nur Ein Mittel in den Kümmernissen
Des Lebens war dem Herzen ja gegeben.

Dies Eine, Tod hat deine Hand entwunden!
Und du, o sel'ge Erde, wo die Wangen,
Die freundlich schönen, Ruh' und Schutz gefunden,

Wo läßt du mich in blindem Gram befangen,
Seit mir das süße Liebeslicht entschwunden,
Das meinen Augen leis vorangegangen.

Zweyhundert fünf und dreyßigstes Sonett

Wenn Amor uns nicht Rath auf's Neue spendet,
Muß mit Gewalt dem Leben ich entsagen,
So Furcht und Schmerz die trübe Seele plagen,
Denn Sehnsucht lebt und Hoffnung hat geendet.

Drum ist dem Leben Trost und Muth entwendet,
Es zagt und kann bey Tag und Nacht nur klagen,
Matt, steuerlos durch stürmisch Meer getragen,
Auf schwier'gem Pfad, ohn' treu Geleit' entsendet.

Denn seine Führerinn ist nur erdichtet,
Die wahr' im Grabe, nein, in Himmelsauen,
Von wo in's Herz sie strahlt, wie nie, gelichtet;

In's Auge nicht; ein Schleyer hält voll Grauen,
Wehrend den theuren Strahlen, es umdichtet,
Und lässet so mich vor der Zeit ergrauen.   49

Zweyhundert sechs und dreyßigstes Sonett

In ihres Blüthenalters schönstem Weben,
Wann Amor meiste Kraft zu haben pfleget,
Als sie die Erdenrinde abgeleget,
Schied Laura, die mir Leben hat gegeben,

Sich schön, lebendig himmelwärts zu heben,
Von wo sie herrschend, waltend mich beweget.
Warum ach! *meine* Rinde nicht zerschläget
Der letzte Tag, erster zu zweytem Leben?

Daß, wie bey ihr stets die Gedanken waren,
So auch die Seele freudig und behende
Ihr folge, solche Noth mir zu ersparen.

Bey längerm Aufschub kann ich schlimm nur fahren,
Werde mir selbst zur schwersten Last am Ende; –
Wie schön war Sterben heute vor drey Jahren!

Zweyhundert sieben und dreyßigstes Sonett

Wenn Vöglein klagen und in grünen Zweigen
Mit lindem Säuseln Sommerlüftchen beben,
Wenn dumpfen Murmelns lichte Wellen steigen
Und um beblümte, frische Ufer weben,

Sitz' ich und schreib', in Liebe hingegeben,
Und, die der Himmel uns geruht zu zeigen
Und Erde barg, seh' ich dann noch am Leben
So fernher meinen Seufzern hold sich neigen.

»Warum ach! vor der Zeit dich so verbluten?«
Spricht sie voll Mitleids? »Warum doch vergießen
Aus trüben Augen nur des Schmerzens Fluthen?

Nicht klage mein; denn meine Tage fließen
Durch Sterben ewig; in den ew'gen Gluthen
Erschloß mein Aug' ich, da ich's schien zu schließen.«

Zweyhundert acht und dreyßigstes Sonett

Nie sah' ich Stellen, wo so licht zu finden,
Was, seit sie fern, ich immer sehen mögen;
Noch, wo mein Herz so frey sich konnt' entbinden,
Den Himmel auf mit Liebesklagen regen;

Kein Thal, wo Seufzern zu Gebothe stünden
So viele Plätze, treu und abgelegen;
Noch, glaub' ich, konnt' Amor in Cypern's Gründen,
Noch sonsten wo so holdes Nestlein hegen.

Von Liebe spricht zu mir, was ich da sehe,
Quell, Luft, Zweig, Vogel, Fisch und Gras und Blume,
All' bittend, daß ich liebe nach wie ehe.

Doch, Hohe, du, die du mich rufst, o flehe, –
Bey Deines herben Todes ew'gem Ruhme! –
Daß ich der Welt und ihrer Lockung schmähe.

Zweyhundert neun und dreyßigstes Sonett

Wie oft in süßer Einsamkeit mit Stöhnen,
Fliehend Welt und mich selbst, so es vergönnet,
Bad' ich das Gras und meine Brust in Thränen.
Während mein Seufzen rings die Luft zertrennet,

Wie oft bin ich allein mit scheuem Wähnen
Durch Schatten und durch Finsterniß gerennet,
Suchend mein Höchstes, meine Lust mit Sehnen,
Die Tod mir nahm: drum oft mein Mund sie nennet.

Bald sah' ich sie als Nymph', als Göttinn steigen,
So aus der Sorga klarstem Grund erstehen,
Und nieder sich am Strand zum Sitzen beugen;

Bald sah' ich sie auf frischem Rasen gehen,
Gleich ird'scher Frauen über Blumen steigen,
Und mit des Mitleids Blicken nach mir sehen.   51

Zweyhundert und vierzigstes Sonett

Glücklicher Geist, den oft ich sehe kehren,
In Schmerzensnacht mich tröstend zu umfangen
Mit Augenglanz, nicht durch den Tod verhangen,
Geschmückt vielmehr mit überird'schen Ehren,

Wie freu' ich mich, daß du mir willst verklären
Mit deinem Anblick meiner Tage Bangen!
So seh' ich nah mir deiner Reize Prangen
Sich an gewohnter Stelle neu gebären.

Wo viele Jahr' ich dich besungen ehe,
Muß ich nun, wie du siehest, dich beweinen;
Nicht *dich* beweinen, bloß mein eignes Wehe.

Nur einen Trost in großem Leid ich sehe;
Daß ich sogleich erkenne beym Erscheinen
An Gang, Wort, Kleid und Antlitz deine Nähe.

Zweyhundert ein und vierzigstes Sonett

Das schönste Antlitz, so je ward gefunden,
Hast, Tod, entfärbt und schönstes Aug' geblendet,
Den Geist, dem reichste Tugendgluth gespendet,
Des schönsten Knotens grausamlich entbunden,

In einem Nu mir all' mein Glück entwunden,
Die lieblichsten der Laute schnell geendet,
Und mich in Leid und Jammer hingesendet;
Und, was ich hör' und sehe, schlägt mir Wunden.

Wohl kehret, daß des Trostes Werk sie übe,
Madonna oft, von Mitleid hergeführet,
Noch kann ich andre Hülf' im Leben finden;

Und konnt' ich, wie sie spricht, wie glanzgezieret
Sie leuchtet, wiedersagen, wollt' in Liebe
Ich Menschen- nicht, nein Tiger-Herz entzünden.

52

Zweyhundert zwey und vierzigstes Sonett

Die Zeit, wo todte Herrinn kehrt, entschwindet
So bald und die Gedanken sind so schnelle,
Daß solcher Arzt nicht kühlt der Wunden Hölle;
Nur, wann sie nah, kein Schmerz heran sich findet.

Amor, der mich in Aengsten hält und bindet,
Bebt, sieht er sie an meines Herzens Schwelle,
Wo sie noch mit des Blickes milder Helle,
So sanften Lautes, tödtlich mich umwindet.

Wie in ihr Haus, als Herrinn, eingegangen,
Treibt sie aus dunkelm schweren Herzens Grunde
Mit heitrer Stirn die traurigen Gedanken.

Die Seele, von so großem Licht besangen,
Seufzet und spricht: »Gesegnet sey die Stunde,
Wo du mit Augen öffnetest die Schranken!«

Zweyhundert drey und vierzigstes Sonett

Nimmer hat Mutter theuren Sohn beglücket,
Nie liebesheiße Herrinn ihren Treuen
So unter Seufzern und so bangem Scheuen
Mit theuerm Rath, wann Zweifel ihn umstricket,

Wie Sie, wenn sie mich so verbannt erblicket
Aus ihres ew'gen Hauses lichten Bläuen,
Oft kehrt, die alte Huld mir zu erneuen,
Mit Doppelliebe ihre Stirn geschmücket,

Mutter und Liebende; in frommen Gluthen
Loht sie, und zaget dann, und zeigt im Sprechen,
Was fliehn ich soll und was erspähn hienieden,

Zählt auf des Lebens mancherley Gebrechen,
Flehend, der Seel' Erhebung froh zu sputen;
Und wenn sie spricht nur, hab' ich Ruh und Frieden.   53

Zweyhundert vier und vierzigstes Sonett

Könnt' mahlen ich der Seufzer lindes Weben
Von ihr, der Herrinn, nun in Himmelshöhen,
Die hier noch scheint zu fühlen und zu gehen,
Zu athmen und zu lieben und zu leben, –

O, wecken müßt' es heißer Sehnsucht Beben;
So kehrt mit liebend-eifersücht'gem Spähen
Sie, fürchtend, mich ermatten noch zu sehen,
Und rückwärts oder nach der Linken streben.

Grad' aus weist sie, und ich, der wohl ergründet
Ihr keusches Locken und die frommen Bitten
Mit süßem, ernst- und liebendem Belehren,

Muß richten mich nach ihr bey allen Schritten,
Von ihrer Rede Süßigkeit entzündet,
Die einem Felsen wohl entlockte Zähren.

Zweyhundert fünf und vierzigstes Sonett

Sennuccio, wenn du einsam auch im Leide
Mich ließest, ist mir Trost doch aufgegangen,
Weil aus dem Leib', wo todt du lagst, gefangen,
Du stolz erhoben dich im Flügelkleide.

Nun siehst auf einmahl du die Pole beyde,
Und irre Stern' auf krummen Pfade prangen,
Und siehst, wie schwaches Sehen wir empfangen;
So mildre ich mein Weh mit deiner Freude.

Wohl aber fleh' ich dich, in dritter Sphäre
Guitton, Cino und Dante Gruß zu sagen,
Und unserm Franceschin und wer es höre.

Auch magst du wohl es meiner Herrinn klagen,
Wie ich zum Wilde ward, von Thränen zehre,
Denkend ihr schön Gesicht und fromm Betragen.

54

Zweyhundert sechs und vierzigstes Sonett

Mit Seufzern füll' ich all der Lüfte Seiten,
Seh' ich die Fläch' ob rauhen Bergeswänden,
Wo die geboren ward, in deren Händen
Mein Herz so in der Blüth' als Früchte Zeiten.

Sie stieg zum Himmel, und ihr schnell Entgleiten
Ist Schuld, daß, weil sich bis zu fernsten Enden
Nach ihr umsonst die matten Augen wenden,
Kein Plätzchen trocken rings nach allen Seiten.

Kein Strauch ist und kein Stein an diesen Stellen,
Kein Ast, kein grüner Zweig auf diesen Höhen,
Kein Halm und keine Knosp' in diesen Thalen,

Kein Tropfen Wassers kommt aus diesen Quellen,
In diesen Büschen ist kein Wild zu sehen,
Dem fremd es wär', wie bitter meine Qualen.

Zweyhundert sieben und vierzigstes Sonett

Sie, meine theure Flamme, schön vor allen,
Nach der sich freundlich hier der Himmel wandte.
Mußte zu früh für mich zum Vaterlande,
Empor zu ihrem gleichen Sterne wallen.

Nun werd' ich wach, und seh – die Schuppen fallen, –
Wie Heil mir kam von ihrem Widerstande,
Und wie mit süß' und herbem Blick dem Brande
Sie steuerte und jugendlichem Wallen.

Ihr dank' ich es und ihrem hohen Rathen,
Die so mit Reiz als mildem Widerstrebniß
Bewirkt, daß glühend ich mein Heil bedachte.

O holde Künst', o würdiges Ergebniß,
Daß Zunge hier, dort Brauen Großes thaten,
Ich Ruhm auf sie, in mich sie Tugend brachte!   55

Zweyhundert acht und vierzigstes Sonett

O Lauf der Welt! Jetzt freut mich und vergnüget,
Was eh' mich schmerzte; habe nun gesehen,
Wie ich statt Heil mir Qualen nur und Wehen,
Statt ew'gen Friedens kurzen Kampf ersieget.

O Wunsch und Hoffen, die ihr ewig trüget,
Zumeist Verliebte, hundert gegen zehen!
Wie schlimmer war's, erhörte sie mein Flehen,
Die hoch nun thront und in der Erden lieget!

Allein mein tauber Sinn und blinde Liebe
Irrten mich so, daß, folgend jenen Mächten,
Dahin ich zog, wo Tod nur war zu erben.

Gesegnet die, so meinen Lauf zum Rechten
Gewandt, und schmeichelnd glühe, böse Triebe
Gezügelt, mich zu retten vom Verderben!

Zweyhundert neun und vierzigstes Sonett

Seh' ich mit goldnem Haar Auroren schweben
Und mit der Rosenstirn an Himmelszinnen,
Bekriegt mich Amor, Leben fliehet hinnen,
Und seufzend sprech' ich! »Dort ist Laura eben« –

Heil Titon, dir, dem Kunde ward gegeben,
Wann deinen Schatz zurück du sollst gewinnen!
Was soll mit süßem Lorbeer *ich* beginnen,
Der ihn zu sehen, scheiden muß vom Leben?

So *ihr* euch trennt, ist's nicht so schwer zu tragen,
Da mindest sie bey Nacht zu kehren pfleget,
Ohne dich um dein weißes Haar zu hassen;

Mir trübt die Tag' und hüllt die Nächt' in Klagen
Sie, die mit sich mein ganzes Denken träget,
Von sich nichts, als den Nahmen, mir gelassen.

Zweyhundert und fünfzigstes Sonett

Die Augen und der Arm' und Füße Ründung,
Antlitz und Hände, die ich ohn' Ermüden
Besprach, die von mir selber mich geschieden
Und mich entzogen jeglicher Verbindung!

Des lichten Lockengoldes krause Windung,
Des freundlich hellen Lächelns Himmelsfrieden,
Die Paradies' erschufen einst hienieden,
Sind wenig Staub nun worden ohn' Empfindung.

Ich aber leb', und Gram und Zorn ich nähre,
Daß mir mein heißgeliebtes Licht entwendet
In großem Sturm, auf steuerloser Fähre.

Hier sey denn nun mein Liebessang geendet,
Des Geistes Ader starrt in trockner Leere,
Und meine Laut' ist Thränen zugewendet.

Zweyhundert ein und fünfzigstes Sonett

Hätt' ich gedacht, daß je die Welt so ehrte
In wehevollem Reim der Seufzer Minnen,
Hätt' ich gemacht seit meines Wehs Beginnen
Wohl mehr an Zahl, im Styl von seltnerm Werthe.

Nun sie gestorben, die mich sprechen lehrte,
Und die da stand auf meines Denkens Zinnen;
Kann nicht so süße Feil' ich mehr gewinnen,
Die rauhen, dunkeln Reim glättet' und klärte.

Und sicher war damahls mein ganzes Sehnen,
Nur auszuhauchen meines Jammers Schwere,
Wie's käm', nicht daß ich Ruhm erwürb' im Liede;

Nur Thränen wollt' ich, Ehre nicht durch Thränen.
Jetzt möcht' ich wohl gefallen; doch die Hehre
Rufet mich nach, der stumm ich steh' und müde.

57

Zweyhundert zwey und fünfzigstes Sonett

Sie lebte schön mir drin, da zu entscheiden,
Wie hohe Frau'n an niedrer Stätte walten;
Nun bin ich, sterblich nicht, nein, todt zu halten,
Sie aber selig durch ihr letztes Scheiden.

Die Seele, baar und ledig ihrer Freuden,
Amor, beraubet seiner Lichtgewalten,
Könnten durch Mitleid Felsen wohl zerspalten;
Doch Niemand schreibet und erzählt ihr Leiden.

Denn innen weinen sie, wo aller Ohren
Taub, nur nicht mein's, dem solcher Gram beschieden,
Daß nichts ihm mehr, als Seufzen, stehet offen.

Wahrhaftig sind wir Schatten, Staub hienieden,
Wahrhaftig ist der Wille blind geboren,
Wahrhaftig trügerisch ist unser Hoffen.

Zweyhundert drey und fünfzigstes Sonett

Heimlich in mir sonst pflegten die Gedanken
Von ihrem Theu'rsten so sich zu befragen:
»Ist Mitleid nah? Bereuet sie ihr Schwanken?
Gedenkt sie unser? Mag sie hoffen? zagen? –«

Seit letzter Tag' und Stund' hinweggetragen
Sie nun aus dieses Erdenlebens Schranken,
Sieht sie und hört vom Himmel mein Erkranken;
Von andrer Hoffnung weiß ich nicht zu sagen.

O hohes Wunder! Seel' aus bessern Zonen!
O Schönheit, selten, beyspiellos erhaben,
Die früh gekehrt, von wo sie ausgegangen!

Da fand für ihren Werth sie Palm' und Kronen,
Sie, die auf Erden lichten Ruhmes Gaben
Von ihrer Tugend, meiner Gluth empfangen.

58

Zweyhundert vier und fünfzigstes Sonett

Entschuld'gend mich, anstatt mich anzuklagen,
Halt' ich mich werther jetzt, da ich gefunden
So theure Haft, und bittersüße Wunden,
So ich verschlossen Jahre lang getragen.

Die Spill' habt, Parzen, neidisch ihr zerschlagen,
Die lichten Faden in mein Netz gewunden,
Und goldnen Pfeil, deß Streiche freundlich munden,
Von dem das Sterben selber will behagen.

Denn keine Seele sehnte so sich nimmer,
Freyheit und Lust und Leben zu erwerben,
Daß sie nicht gern solch Sehnen aufgegeben,

Bereit, für Sie vielmehr zu seufzen immer,
Als daß sie Andrer säng', und froh zu sterben
An solcher Wund', in solchem Band zu leben.

Zweyhundert fünf und fünfzigstes Sonett

Zwey große Feindinnen waren verbunden,
Tugend und Reiz, so friedlich sie zu loben,
Daß nie in frommer Seele sich erhoben
Ein Aufruhr, seit sie da beysammen stunden.

Nun sind durch Tod zerstreut sie und entbunden;
Der *einen* rühmet sich der Himmel droben,
Den hat die Erd' und deckt der Augen Globen,
Von wo gekommen so viel Liebeswunden.

Holde Geberd' und, hohem Ort' entstiegen,
Demüthig-kluge Red' und süße Blicke,
Die mir das Herz verletzt und noch bedräuen,

Sie sind dahin, und bleib' ich noch zurücke,
Werd' ich vielleicht mit schwachen Federzügen
Den schönen, adeligen Nahmen weihen.

59

Zweyhundert sechs und fünfzigstes Sonett

Seh' nach den Jahren ich, zurückgewendet,
Die in die Flucht mich schlugen im Enteilen,
Die Flammen todt, so Gluth und Frost ertheilen,
Die qualenvolle Ruhezeit geendet,

Der Liebestäuschung Glauben mir entwendet,
Und all' mein Glück sich in zwey Hälften theilen,
Die in der Erd', im Himmel jene weilen,
Meiner Verlust' Erwerbungen verschwendet, –

Erzittr' ich drinn, und so entblößt mich sehe,
Daß ich das schlimmste Loos möchte beneiden;
So hab' ich von mir selbst Herzleid und Bangen.

O du mein Stern, o Schicksal, letztes Scheiden,
O Tag, mir immer süß und voller Wehe,
Wie niedern Stand hab' ich von euch empfangen!

Zweyhundert sieben und fünfzigstes Sonett

Wo ist die Stirn, die sonst mit leisem Grüßen
Mein Herz gewandt nach der und jener Seiten?
Wo schöne Brau'n und Sterne, die zu leiten
Durch's Leben mich mit ihrem Strahl verhießen?

Wo Kraft, Verstand und Kenntniß? Wo der süßen,
Der klugen, fromm-demüth'gen Worte Gleiten?
Wo all' die Reiz' in ihr und Trefflichkeiten,
Die, was sie wollten, über mich erließen?

Wo sanfter Wangen holdes Schattenweben,
Das Kühl' und Rast dem müden Geist bescheeret,
Und wo geschrieben stand mein ganzes Sinnen?

Wo sie, die in den Händen hielt mein Leben? –
Wie viel die arme Welt, wie viel entbehret
Mein Aug, aus dem fortan nur Thränen rinnen!

Zweyhundert acht und fünfzigstes Sonett

Wie neid' ich, geiz'ges Land, dich, das umfließe
Sie, deren Anblick mir nunmehr entrungen,
Das mir die schönen Mienen abgedrungen,
Wo Frieden ich nach jedem Kampf begrüßet!

Und wie den Himmel, der da sperrt und schließet,
Und so begierig zu sich aufgeschwungen
Den Geist, von schönen Gliedern losgeschlungen, –
Und der so selten andern sich erschließet!

Wie neid' ich jene Seelen all', die hehren,
So an der süßen, frommen Seite schweben,
Die ich gesucht mir solcher Sehnsucht immer!

Und wie den Tod, den harten, liebeleeren,
Der, nun in ihr er ausgelöscht mein Leben,
Im Aug' ihr wohnet und mich rufet nimmer!

Zweyhundert neun und fünfzigstes Sonett

O Thal du, voll von meinen Klagetönen,
O Strom, den oftmahls meine Thränen schwellen,
O Wild, o Vögel, und ihr Fisch' in Wellen,
Um die sich hegend grüne Ufer dehnen!

O Luft, heiter und warm, von meinem Stöhnen!
O all' ihr süßen sonst, nun bittern Stellen!
Hügel, mir Lust einst, nun des Grams Gesellen,
Wohin mich Amor führt durch lang Gewöhnen!

Die alten Formen find' ich allerwegen;
Nicht ach! in mir, der, frohem Sinn enthoben,
Ein Haus ich ward, endlose Trauer fassend.

Von hier sah ich mein Glück; auf diesen Stegen
Kehr' ich, zu sehn, von wo sie stieg nach oben,
Auf Erden ihre schöne Hülle lassend.   61

Zweyhundert und sechszigstes Sonett

Mich hob dahin der Geist auf fernem Gleise,
Wo, die ich such' und nimmer hier gefunden.
Da sah' ich sie, vom dritten Kreis' umwunden,
Weit schöner und mit minder stolzer Weise.

Sie nahm die Hand und sprach: »In diesem Kreise
Wirst du, irrt nicht der Wunsch, mir einst verbunden;
Ich bin's, die dir so schweren Krieg entbunden,
Vor'm Abend endete des Tages Reise.

Kein menschlicher Verstand erfaßt mein Glücke;
Dein harr' ich nur und, den du liebtest lange,
Des schönen Schleyers, der hier unten blieben.« –

Weh, warum zog sie stumm die Hand zurücke?
Denn bey so mild' und keuscher Worte Klange
Fehlte nicht viel, wär' ich im Himmel blieben.

Zweyhundert ein und sechszigstes Sonett

Amor, der du im Glück mit mir gezogen
Durch diese Ufer, freundlich unserm Dichten,
Und, unsre alten Händel hier zu schlichten,
Mit mir und mit dem Fluß Gespräch gepflogen!

Laub, Blumen, Schatten, Höhlen, Luft und Wogen,
Thalklausen, Hügel, Fluren all', ihr lichten!
Port, meiner Liebe Mühen zu beschwichten
Und was das Glück von Schmerz mir zugewogen!

O flücht'ge Scharen ihr im grünen Hage!
O Nymphen! Und, die flüssige Krystallen
In moos'gem Grund zum Haus ihr euch erkoren!

Hell einst, sind nun so düster meine Tage,
Wie, der es schafft, der Tod. So ist gefallen
Jedem sein Loos am Tag, da er geboren.

Zweyhundert zwey und sechszigstes Sonett

Als Liebeswürmer mir noch zehrend lagen
Am Herzen und ich glüht' im Liebesbrande,
Sucht' ich durch einsame und öde Lande
Die Spur des flücht'gen Wildes zu erfragen.

Singend da wagt' ich's, Amor'n anzuklagen
Und Sie, die sich so grausam von mir wandte;
Doch fehlt' es mir an Reimen und Verstande
Zu neuer kranker Weis' in jenen Tagen.

Die Flamm' ist todt, und kleiner Stein sie decket;
Wenn mit der Zeit sie wäre fortgeschritten,
Wie schon in Andern, bis zu Alters Grauen;

Mit Reimes Waffen, die ich nun gestrecket,
Und greisem Wort hätt' ich den Fels zerschnitten
Und Thränen des Entzückens lassen thauen.

Zweyhundert drey und sechszigstes Sonett

O schöne Seele du, erlöst von jenen
Fesseln, die schöner nie Natur gegeben,
Vom Himmel schau nach meinem dunkeln Leben,
Von frohen Bildern wende dich zu Thränen!

Genommen ist vom Herzen falsches Wähnen,
Das mir einst deiner Augen süßes Weben
Verbitterte; nun kannst du sicher heben
Nach mir den Blick, dein Ohr nach meinem Stöhnen.

Schau an den Felsen, dem die *Sorg'* entquillet;
Sehn wirst du Einen, dem bey Gras und Wellen
Erinnerung und Schmerz den Hunger stillet. –

Dein heimathliches Land und jene Stellen
Wo unsre Lieb' erwuchs, verlaß und meide,
Um nicht zu sehn, was dir gereicht zum Leide.   63

Zweyhundert vier und sechszigstes Sonett

Die Sonne, die den Weg zum Himmelreiche
Mir wies, zu gehn mit ruhmeswerthem Schritte,
Kehrend zur höchsten Sonn', in Steines Mitte
Verschloß mein Licht und ihres Kerkers Leiche.

Drum einem Thier des Waldes ich nun gleiche,
Der ich mit irrem, einsam-müden Tritte,
Mit feucht gesenktem Blick und herber Sitte
Des Herzens, durch der Erde Wüsten schleiche.

So alle Straßen ich nach ihr durchspähe,
Wo ich sie sah. Nur, der mir Leid gewoben,
Amor, zieht mit und zeigt mir, wo ich gehe.

Sie nicht; doch ihre Spuren all', nach oben
Gewandt, die frommen, nach dem Pfad der Höhe,
Seh' fern ob Styx ich und Avernus droben.

Zweyhundert fünf und sechszigstes Sonett

Geschickt wohl dünkt' ich mich, empor auf Schwingen –
Doch nur kraft deß, der sie bewegt – zu schweben,
Um würdig schönen Knoten zu erheben,
Den Tod zerreißt, und Amors Hände schlingen.

Doch schwächer war ich, Solches zu vollbringen,
Als kleiner Zweig, dem große Last gegeben,
Und sprach: Es fällt, wer allzuhoch will streben,
Was Gott versagt, kann Menschen nicht gelingen.

Des Geistes Federn können nimmer fliegen,
Nie schweres Wort, wohin einst in Verzückung
Natur, webend das süße Band, gestiegen.

Ihr folgte Amor nach in dessen Schmückung
So sorgsam, daß ich werth nicht war, zu wiegen
Mein Aug' auf ihm; doch war's des Himmels Schickung.

64

Zweyhundert sechs und sechszigstes Sonett

Für die ich Arno ließ in Sorga's Thalen,
Um freye Armuth knecht'sche Herrlichkeiten,
Sie kehrt' in bittres Weh die Süßigkeiten,
Durch die ich lebt' und nun vergeh' in Qualen.

Umsonst versucht' ich es zu vielen Mahlen,
Das hohe Bild zu schildern künft'gen Zeiten,
Singend, ihr Lieb' und Huld'gung zu bereiten;
Doch mahlt kein Wort der Wangen lichte Strahlen.

Der Reiz' in ihr, wie Andre nie sie hatten,
Wie lichte Stern' am Himmel aufgehangen,
Ein oder zwey wag' ich nur abzuschatten.

Doch wenn zur höhern Hälft' ich fortgegangen,
Die kurze Sonne war ob Erdenschatten,
Fehlt Muth, Verstand und Kunst zum Unterfangen.

Zweyhundert sieben und sechszigstes Sonett

Das Wunder, neu und hehr, so jüngst dem Blicke
Der Welt erschien und dann sich aufgeschwungen,
Das uns der Himmel wies und drauf entrungen,
Damit es seine Sternenhallen schmücke,

Soll mahlen ich für die, so noch zurücke,
Will Amor, der gelöst das Band der Zungen,
Dann tausendmahl umsonst zum Werk gedrungen
Papier und Tint und Stift, Zeit und Geschicke.

Noch steht mein Lied fern von der Wahrheit Zinnen,
Ich kenn' es, und, wer bis zu diesem Tage
Von Liebe sprach und schrieb, muß Recht mir geben.

Wer Wahrheit denken kann, erwäge innen,
Was jeglich Wort besiegt, und seufz' und sage:
»Den Augen Heil, die sie gesehn am Leben!«   65

Zweyhundert acht und sechszigstes Sonett

Der Zephyr kehrt, die schöne Zeit zu bringen,
Und Gras und Blumen, seine süßen Kleinen;
Und Progne schwatzt, und Nachtigallen weinen;
In Weiß und Roth will sich der Lenz verjüngen;

Die Wiese lacht, in Lüften tönt ein Klingen;
Zeus freut der Tochter sich, der klaren, reinen;
Luft, Erd' und Fluth der Liebe voll erscheinen,
Und Liebestriebe jeglich Thier durchdringen.

Doch mir ach' kehren Seufzer nur und Klagen,
So Jene läßt aus Herzens Tiefen steigen,
Die seine Schlüssel himmelwärts getragen.

Der Vöglein Singen und der Blumen Neigen
Und schöner Frauen ehrbar-hold Betragen
Wie Wüste mir und reißend Wild sich zeigen.

Zweyhundert neun und sechszigstes Sonett

Die Nachtigall dort, die so zärtlich weinet,
Weil theurer Gatt' ihr oder Söhne fehlen,
Himmel und Flur in süßer Lust vereinet;
So sinnig klagend tönt's aus ihrer Kehlen.

Und, mich die ganze Nacht begleitend, scheinet
Sie mir mein hartes Schicksal zu erzählen;
Denn mich nur klag' ich an, der ich gemeynet,
Der Tod nicht könne Göttinnen befehlen.

Wie leicht doch ist's, zu täuschen das Vertrauen!
Zwey Augen schön, heller als Sonn' und Sterne,
Wer dachte je sie dunkelnd rings zu schauen?

Nun seh' ich wohl, daß mein Geschick voll Grauen
Will, daß ich lebend und beweinend lerne,
Wie nieden hier auf keine Lust zu bauen.

Zweyhundert und siebenzigstes Sonett

Nicht Sterne, die durch heitre Höh'n sich schwingen,
Noch feste Kiele über stillen Wellen,
Noch durch die Flur bewehrte Kampfgesellen,
Noch durch die Büsche muntern Wildes Springen,

Noch frische Bothschaft von erwünschten Dingen,
Noch hoher Liebesrede kühnes Schwellen,
Noch auf begrünter Au', an klaren Quellen,
Ehrbarer, schöner Frauen süßes Singen;

Noch sonst etwas kann Lust dem Herzen geben;
So hält Ein Grab mit Jener es umfangen,
Die einzig Licht und Spiegel war den Augen.

Verdruß nur beuth beschwerlich langes Leben;
Drum nach dem End' ich rufe voll Verlangen,
Zu sehn, was nie zu sehn, eh' mochte taugen.

Zweyhundert ein und siebenzigstes Sonett

Dahin ist ach! die Zeit nun und vergangen,
Wo Kühl' ich fand, von Gluthen rings umlichtet!
Hin Sie, von der geklagt ich und gedichtet!
Doch ließ sie Thränen mir zurück und Bangen.

Dahin des frommen Angesichtes Prangen!
Doch ging's, die süßen Blick' auf's Herz gerichtet,
Auf's Herz, einst mein, das von mir schied, verpflichtet
Ihr, die's mit schönem Mantel hielt umfangen.

Zur Erd' hat sie's, zum Himmel mitgenommen,
Wo sie nun triumphirt, prangend im grünen
Lorbeer, den siegreich Tugend ihr verliehen.

O könnt' ich dieser Erdenhüll' entklommen,
Die mit Gewalt mich hält, könnt' ich mit ihnen
Von Seufzern frey zu sel'gen Geistern ziehen!

67

Zweyhundert zwey und siebenzigstes Sonett

Mein Geist, der du, vorahnend deine Klagen,
In froher Zeit schon mit so ernstem Sinnen
Nachdenklich in geliebten Blicken drinnen
Dir Ruhe suchtest für die künft'gen Plagen,

Nach Wort, Gesicht, nach Kleid und nach Betragen,
Nach dem mit Schmerz vermischten neuen Minnen
Konntest du sprechen, wardst du Alles innen:
»Der letzt' ist dies von meinen süßen Tagen!«

Wie süß war, arme Seele, die Erfahrung,
Als wir entbrannt, da ich die Augen sahe,
Die ich nie wieder sollt' in's Auge fassen.

Als ihnen, wie zwey Freunden, treu und nahe,
Scheidend die werth'ste Bürd' ich in Verwahrung,
Mein theures Denken all', mein Herz, gelassen.

Zweyhundert drey und siebenzigstes Sonett

Mein frisches Blüthenalter schied so eben
Dahin, und lauer ward des Herzens Schwüle
In mir, ich stand bereits an jenem Ziele,
Wo sinkend sich zum Ende neigt das Leben;

Schon wollte ihres Argwohns sich begeben
Gemach die theure Feindinn, im Gefühle
Der Sicherheit, schon wandelte zum Spiele
Mein herbes Weh ihr tugendliches Weben;

Nah war die Zeit, wo Amor sich verbinden
Und Keuschheit, Liebenden es wird gewähret,
Beysammen sitzend Alles sich zu künden.

Der Tod, neidend das Glück, so mir bescheeret,
Die Hoffnung selbst, ließ feindlich sich mir finden
Auf halbem Weg, gerüstet und bewehret.

68

Zweyhundert vier und siebenzigstes Sonett

Zeit war's, Fried' oder Stillstand zu erbeuten
Nach solchem Krieg, auch war ich fast zur Stelle,
Da wandt' den frohen Schritt mir an der Schwelle,
Der ausgleicht alle unsre Ungleichheiten.

Denn wie die Nebel fliehn vor Windesbräuten,
So lief durch's Leben Jen' in rascher Schnelle,
Die mich geführt mit schöner Augen Helle;
Nun muß ich mit Gedanken sie begleiten.

Ein Weilchen noch, und wir, bejahrt, ergrauet,
Aenderten unsern Sinn; dann konnt' erzählen
Ich sonder Argwohn ihr von meinen Plagen.

Fromm seufzend hätt' ich ihr mein langes Quälen
Berichtet, das sie nun vom Himmel schauet:
Ich bin's gewiß und muß es noch beklagen.

Zweyhundert fünf und siebenzigstes Sonett

Wohl hatte Amor stillen Port gewähret
Nach wilder Stürme langen, großen Fahren
In reiferm Alter, guter Sitt' erfahren,
Das, fremd dem Laster, Tugend schmückt und ehret.

Mein Herz schon strahlt' aus Augen wie verkläret,
Die hoher Treue nicht mehr abhold waren.
Ach, grimmer Tod, wie hast von vielen Jahren
Die Frucht im Nu so plötzlich du verheeret!

Lebte sie noch, sie käm', und fröhlich nieder
Legt' sprechend ich in jene keuschen Ohren
Die alte Bürde meiner Herzensfreuden.

Vielleicht zu mir dann sagte sie auch wieder
Ein frommes Wort, in Seufzern leis geboren,
Da Wang' und Haar verwandelt an uns Beyden.   69

Zweyhundert sechs und siebenzigstes Sonett

Bey einer Pflanze Sturz, die aus dem Lande
Sich riß, gleich der, die Erz und Sturm bezwingen,
Streuend ihr hohes Laub umher im Sande,
Kehrend zur Sonn' unreine Wurzelschlingen,

Sah andr' ich, die Amor zum Gegenstande,
Zum Stoff Kalliope, Euterp' empfingen,
Die mir um's Herz, ihr Haus, schlang ihre Bande,
Wie Stamm und Mauer Epheuzweig' umringen.

Der ew'ge Lorbeer, wo die Hochgedanken
Und glühen Seufzer sich ein Nest erbauten,
Die schöner Aeste Zweige nimmer bogen,

Zur Höh' versetzt, ließ seiner Wurzeln Ranken
In treuem Haus, von wo mit bangen Lauten
Einer noch ruft, und Antwort stets verzogen.

Zweyhundert sieben und siebenzigstes Sonett

Es floh'n, wie Hirsche, meine Tag' unbändig,
Den Schatten gleich, und sah'n nicht mehr vom Glücke,
Als wenig heitre Stunden, Augenblicke,
Die bitter-süß ich noch bewahr' inwendig.

Elende Welt, muthwillig, unbeständig,
Blind ist, wer hoffend baut auf deine Tücke!
In dir ward mir das Herz entwandt; zurücke
Hält sie's, die Staub, nicht Bein und Nerv lebendig.

Allein die bess're Form, die fort noch lebet
Und leben wird dort in des Himmels Auen,
Mit ihrem Reiz mich stündlich mehr umwebet.

Ich sinne nur, dieweil die Haar' ergrauen,
Wie jetzt sie ist, an welchem Ort sie schwebet,
Und wie ihr holder Schleyer anzuschauen.

70

Zweyhundert acht und siebenzigstes Sonett

Ich fühl' ein altes Wehn; der Berge Lehnen,
Die süßen, seh' ich, wo das Licht begonnen,
Das meinen Augen Freud' und Lust gewonnen,
Weil's Gott gefiel, nun sie erfüllt mit Thränen.

Hinfällig Hoffen du, o eitles Wähnen!
Verwaist die Gräser, trübe sind die Bronnen,
Und leer und kalt das Nest, dem sie entronnen;
Da leb' ich, da zu sterben, stand mein Sehnen;

Hoffend zuletzt von ihren holden Füßen
Und Augen, die des Herzens Gluthen nähren,
Nach großen Mühen Ruhe zu genießen.

Grausamen, geiz'gen Herrn hielt ich in Ehren,
Und brannte, bis die Flammen von mir ließen;
Nun weih' ich ihrer Asche meine Zähren.

Zweyhundert neun und siebenzigstes Sonett

Ist dies das Nest, dem Phönix ausersehen,
Drein Gold- und Purpurfedern er geleget,
Der unterm Flügel einst mein Herz geheget,
Und draus noch Wort' und Seufzer läßt erstehen?

O erste Wurzel meiner süßen Wehen,
Wo ist das Antlitz, draus das Licht sich reget',
Das hell-lebendig glühend mich beweget?
Warst einzig hier, um selig dort zu stehen.

Und ließest hier allein mich und beklommen,
So daß zum Ort, der heilig mir zu achten
Durch dich, zurück voll Leid ich stets gekommen,

Sehend umher die Hügel dunkel nachten,
Wo letzten Flug zum Himmel du genommen,
Und denen deine Augen Tag einst brachten.   71

Zweyhundert und achtzigstes Sonett

Nie thränlos wird mein Blick, nie ungerühret
Werd' ich und ruhig jene Zeilen schauen,
Aus denen Liebesfunkeln scheint zu thauen,
Die Mitleid wie mit eigner Hand gezieret;

Geist, der im Erdenkampf du triumphiret,
Nun solche Süße träufst aus Himmelsauen,
Daß du zum Griffel, dem des Todes Grauen
Entfremdet mich, mein Lied zurückgeführet;

Ich hoffte, andre Frucht dir noch zu weisen
Von zartem Zweig'; – welch' wilden Sternes Neiden
Nahm dieses uns? O Hort, auf welchen Gleisen,

Durch wen mußtest zu früh du von uns scheiden?
Dich sieht mein Herz, dich will die Zunge preisen;
Du, süßer Seufzer, stillst der Seele Leiden.

Zweyhundert ein und achtzigstes Sonett

Hast Höchstes nun, was du vermagst, begangen,
O grimmer Tod; hast Amor's Reich verheeret;
Hast nun der Schönheit Blüth' und Licht zerstöret,
Und hältst es nun in kleiner Gruft umfangen.

Hast unserm Leben nun entwandt sein Prangen,
Und seine höchste Zierde ihm verzehret;
Doch Ruhm und Stärke, welche ewig währet,
Verfiel dir nicht; hast eitel Erd' empfangen;

Jenes der Himmel, den ihr Glanz erhoben
Zu Freud' und Stolz, wie schön'rer Sonne Feuer;
Und ewig bleibt der Welt das Gute theuer.

Mitleid besieg' in solcher Siegesfeyer,
O neuer Engel, Euer Herz, dort oben,
Wie Eure Schönheit meines hier umwoben.

Zweyhundert zwey und achtzigstes Sonett

Hauch, Kühlung, Schatten, so vom Lorbeer quillet,
Die Blüthen, die so süßen Duft entbunden,
Hat, der die Welt verödet, mir entwunden,
Mein Licht und was des Lebens Wehen stillet.

Wie Sol uns, wenn die Schwester ihn verhüllet,
So ist mein hoher Stern auch mir verschwunden;
Vom Tod' such' Hülf' ich gegen Todeswunden.
Mit solchem Jammer Amor mich erfüllet.

Schliefst, schöne Donna, kurzen Schlaf hienieden,
Nun bist erwacht du bey erwählten Geistern,
Allwo die Seelen sich in Gott versenken.

Und wenn es meinen Reimen ward beschieden,
Sey hoch gefeyert unter edeln Meistern
Hier ewig deines Nahmens Angedenken.

Zweyhundert drey und achtzigstes Sonett

Der letzt' ach! meiner Tage voll der Freuden,
Davon ich wenig sah' im Leben ehe,
Erschien; da ward mein Herz zu lauem Schne'e,
Deutend vielleicht auf dunkle Zeit voll Leiden.

Wie Pulse, Nerven und Gedanken leiden
Im Voraus schon bey eines Fiebers Nähe,
So fühlt' ich mich, nicht ahnend, daß ich sähe
Mein unvollkomm'nes Glück so plötzlich scheiden.

Die Augen, droben hell nun und zufrieden
Des Lichts, aus welchem Heil und Leben regnen,
Lassend die meinen bettelarm hienieden,

Sprachen mit frommen, neuem Funkelns Segnen
Zu ihnen: Bleibt, o lieben Freund', in Frieden;
Hier nicht, doch werden wir uns dort begegnen!

Zweyhundert vier und achtzigstes Sonett

O Tag, o Stund', o letzte der Secunden!
O Sterne ihr, verschworen, mich zu schlagen!
O treuer Blick, was wolltest du mir sagen,
Als ich nun schied, um nimmer zu gesunden?

Nun kenn' ich meine Weh'n, des Traums entbunden,
Der ich (o Wahn!) die Hoffnung konnte tragen,
Scheidend dem Theil, nicht Allem zu entsagen! –
Wie vieles Hoffen ist im Sturm entschwunden!

Denn Andres war im Himmel schon beschlossen:
Das hehre Licht zu löschen, das mich nährte;
In bitter-süßem Antlitz war's geschrieben.

Ein Schleyer aber hielt mein Aug' umflossen,
Der, was ich sah, zu sehen mir verwehrte,
Um plötzlich so mein Leben mehr zu trüben.

Zweyhundert fünf und achtzigstes Sonett

Der Blick, fromm, süß und theuer, schien zu sagen:
»Nimm du von mir, was jetzt noch kann geschehen;
Denn nie wirst du mich wieder hier erspähen,
Wenn dannen du den trägen Fuß getragen!« –

Verstand, gewohnt, dem Pardel vorzujagen,
Doch träg, vorauszuschauen eigne Wehen,
Daß du in ihren Augen nicht gesehen,
Was jetzt du siehst! drob Schmerz und Gluth mich plagen.

Sie, wie mit stillem, nie gesehnen Blinken,
Sprachen: »O theure Lichter, die so lange
Mit solcher Süß’ als Spiegel uns gehalten,

Der Himmel harrt auf uns, mag’s früh euch dünken;
Doch der uns band, löst’ uns von Knotens Zwange,
74 Und läßt den euren, zum Verdruß euch, alten.«

Zweyhundert sechs und achtzigstes Sonett

Zum harten Stein, mein Schmerzenslied, entfliehe,
Dort, wo die Erde meinen Schatz umwoben;
Da rufe sie, die Antwort gibt von oben,
Wie auch der Leib an dunklem Ort verblühe.

Sag’ ihr, daß müd’ ich längst von Lebens Mühe
Und von der Fahrt durch dieser Fluthen Toben;
Doch daß ihr flatternd Laub ich aufgehoben
Und Schritt für Schritt nun hinterdrein ihr ziehe,

Nur redend so von ihrem Tod als Leben,
Nein, Leben nur! seit dort sie aufgenommen,
Auf daß die Welt sie kennen, lieben lerne.

Möge dann Acht sie auf mein Scheiden geben,
Das nahe nun, und mir entgegen kommen,
Mich rufen, zu sich ziehn in ihre Ferne.

Zweyhundert sieben und achtzigstes Sonett

Kann tugendsame Liebe Lohn gewinnen,
Mitleid gewähren, was es sonst gewährte,
Empfang' ich Lohn; denn sonnenhell verklärte
Sich Ihr und aller Welt mein treues Minnen.

An mir verzagend einst, ward sie es innen
Und weiß, daß, was ich nähr', ich immer nährte;
Wenn sie nur Mienen sah und Worte hörte,
Sieht nun das Herz sie und des Geistes Sinnen.

Drum hoff' ich, daß im Himmel sie beklage
Mich um mein langes Seufzen, wie sie zeiget,
Geruht sie huldreich bey mir einzukehren,

Und daß, wenn dieser Hüll' ich mich entschlage,
Mit unsrer Schar zu mir herab sie steiget,
Wahrhafte Freundinn Christi und der Ehren. 75

Zweyhundert acht und achtzigstes Sonett

Bey tausend Frau'n sah' eine Solch' ich stehen,
Daß Liebeszagen an das Herz mir rückte,
Als ich in echtem Bilde sie erblickte,
Von Ansehn gleich den Geistern sel'ger Höhen.

Nichts war an ihr des Irdischen zu sehen,
Die nach dem Himmel nur in Liebe blickte.
Der Geist, den Gluth und Frost für sie durchzückte,
Hob beyde Flügel, um mit ihr zu gehen;

Zu hoch doch meinem irdischen Gewichte,
War bald sie aus den Augen mir verschwunden,
Und denk' ich's, fühl' ich jetzt noch Frost und Schauer.

O schöne Fenster, hohe, glanzeslichte,
Durch welche er, der Viele senkt in Trauer,
In also schönen Leib den Weg gefunden!

Zweyhundert neun und achtzigstes Sonett

Sie kehrt zum Herzen, ja sie wohnet drinnen,
Die Lethe selbst nicht könnte draus verschlagen,
Wie ich sie sah in ihren Blüthentagen
Umglänzt von ihres Sternes Strahlenrinnen.

So einsam sah ich sie, in tiefem Sinnen,
Zuerst, so schön und sittig im Betragen;
»Sie ist es selbst! sie lebt!« muß ich dann sagen,
Und zu ihr flehn in süßer Rede Minnen.

Bald gibt, bald weigert sie der Rede Grüße.
Ich, wie wer irrt und Wahrheit dann gefunden,
Spreche zu meinem Sinn: »Du bist betrogen!

Tausend dreyhundert acht und vierzig, wisse,
Am sechsten Tag Aprils, in erster Stunden,
Ist seinem Leib der sel'ge Geist entflogen.«

Zweyhundert und neunzigstes Sonett

Dies morsch hinfäll'ge Gut, dies flücht'ge Scheinen,
Schönheit genannt, Wind, Schatten zu vergleichen,
War nimmer, als in dieser Zeit Bereichen,
In Einem Leib vereint; drob muß ich weinen.

Obwohl mit Recht Natur nicht pflegt, für Einen
Viel' arm zu machen, Alles ihm zu reichen,
Goß sie auf Ein' itzt all' der Milde Zeichen; –
Verzeih', wer schön ist, oder die es meynen.

Nie gab es solche Schön', alt' oder neue,
Noch kehrt sie je; doch war sie so umwoben,
Daß kaum die irre Welt sie wahrgenommen.

Bald schwand sie dannen; drum ich hoch mich freue
Des hellern Auges, mir verliehn von oben,
Nur zu gefallen ihrem Blick, dem frommen.

Zweyhundert ein und neunzigstes Sonett

O Zeit, o Himmelslauf, der du die blinden,
Elenden Erdner trügst in flücht'ger Eile;
O Tag, beflügelter als Wind und Pfeile,
Nun aus Erfahrung kenn' ich eure Sünden.

Doch soll Entschuld'gung euch, mich Tadel finden;
Euch gab Natur der Flügel Schwung zu Theile,
Mir Augen; daß mein Weh ich lange Weile
Nur sah; deß muß ich Reu' und Schmerz empfinden.

Zeit wär' es, ja sie ist vergangen eben,
Daß ich nach sichrer Gegend hin sie wende,
Endlosen Jammers mich zu überheben.

Doch flieht die Seel', Amor, nicht deine Hände,
Ihr Wehe nur, du weißt's, mit welchm Streben;
Tugend ist schöne Kunst, nicht Zufalls Spende.   77

Zweyhundert zwey und neunzigstes Sonett

Der einst besiegt mit Duft und Farbenprangen
Den Orient, wo Düft' und Lichter fluthen
Durch Laub und Blüth' und Frucht, drum alles Guten
Und Herrlichen der West den Preis empfangen,

Mein süßer Lorbeerbaum, wo eingegangen
Einst alle Schönheit, all' der Tugend Gluthen,
Sah, wie mein Herr und meine Göttinn ruhten
Ehrbar von seinem Schattendach umfangen.

Auch ich wob in des Baumes Heiligthume
Mir ein Gedankennest; glühend und frierend
In Flamm' und Frost mußt' ich mich glücklich ehren.

Voll war die Welt von ihrem ew'gen Ruhme;
Da nahm sie Gott, mit ihr den Himmel zierend;
Und werth auch war sie es, ihm zu gehören.

Zweyhundert drey und neunzigstes Sonett

Du ließest ohne Sonn', o Tod, die Erde,
Dunkel und kalt; Amor'n blind, sonder Wehre;
Anmuth entblößet; Schönheit sonder Ehre;
Mich trostlos und mir selber zur Beschwerde;

Tugend im Staub; im Bann die Huldgeberde.
Ich klag' um mich, als ob nur ich verlöre;
Hast ausgerauft des Tugendkeimes Hehre,
Urkraft zerstört; wer sagt, was zweyte werde?

Wohl sollten Luft und Meer und Erde klagen
Und Menschen all', die, so beraubt der Lieben,
Wies' ohne Blum' und Ring ohn' Demants Scheinen.

Nicht kannte sie die Welt in ihren Tagen,
Nur ich, der, um zu jammern, hier geblieben,
Und Himmel, der sich schmückt von meinem Weinen.

78

Zweyhundert vier und neunzigstes Sonett

So weit den Blick der Himmel klärt' hienieden,
So weit mir hoben Lieb' und Lust die Schwinge,
Sah neu' und hold' ich, aber ird'sche Dinge,
Die Einem Wesen jeder Stern beschieden.

Andre gleich viel, ganz fremd und ganz verschieden,
Aus ew'ger himmlischer Gestalten Ringe,
Weil mein Verstand für Solches zu geringe,
Mußten mein schwaches Auge bald ermüden.

Drum was von ihr ich schrieb, von ihr ließ hören,
Die nun vor Gott für Lob Gebeth mir spendet,
Nur Tröpflein war's aus unermess'nen Meeren.

Denn Geist und Wort an *einer* Gränze endet;
Wenn starr die Augen sich zur Sonne kehren,
Sehn minder sie, je mehr sie Strahlen sendet.

Zweyhundert fünf und neunzigstes Sonett

Süß, köstlich, theures Pfand, das mir entwendet
Natur, dem nun der Himmel Schutz verliehen,
Warum willst deine Huld du mir entziehen,
O Stütze, meinem Leben einst gespendet?

Sonst hast im Schlummer mindest du gesendet
Mir deinen Anblick; läßt mich nun verglühen
Ohn' Kühlung; und wer heißet dich verziehen,
Da ja dort oben Haß und Zürnen endet?

Weßhalb hier unten wohl huldreiche Seelen
Manchmahl erfreut, was Andre Leides tragen,
Daß Amor sich aus seinem Reich muß stehlen.

Der du mich innen siehst und kennst mein Plagen,
Und einzig enden kannst so großes Quälen,
Mit deinem Schatten sänft'ge meine Klagen.

79

Zweyhundert sechs und neunzigstes Sonett

War Mitleid, war ein Engel so geschwinde,
Zum Himmel auf mein Herzeleid zu tragen?
Daß ich die Herrinn, wie in alten Tagen,
Ehrbar und süß mir wieder nahempfinde,

Daß sie mein müdes Herz des Grams entbinde,
Voll Demuth so, so ohne stolz Betragen,
Kurz so, daß ich des Todes mich entschlagen,
Und leb', und lästig nicht das Leben finde?

Glücklich bist du, die du mit deinen Blicken
Und deiner Worte freundlichen Geschenken,
Uns Beyden nur verständig, kannst beglücken!

»Wohl, Lieber, Treuer, will dein Leid mich kränken;
Doch mußt' ich so zu unserm Heil dich drücken!«
Sprach sie und mehr, Sonnen vom Lauf zu lenken.

Zweyhundert sieben und neunzigstes Sonett

Mit Brot, so meinem Herrn zu aller Stunde
Vollauf, nähr' ich mein Herz, mit Thrän' und Plage,
Und oft erbleich' ich, oft ich zittr' und zage,
Denk' ich an seine bittre, tiefe Wunde.

Doch die nicht ihres Gleichen hatt' im Runde
Zu ihrer Zeit, zum Bett', in dem ich klage,
Kommt sie, daß kaum sie anzusehn ich wage,
Und setzt sich an den Rand mit Liebeskunde.

Dann trocknet mit der Hand, so heiß begehret,
Mein Auge sie und bringt mit frommen Grüßen
Freude, wie sie kein Sterblicher erfähret.

»Was hilft,« spricht sie, »Trostlosem alles Wissen?
Nicht wein'! hast du nicht Thränen g'nug gewähret
Wärst lebend du, wie ich dem Tod entrissen!«

Zweyhundert acht und neunzigstes Sonett

Denk' ich an ihn, den jetzt der Himmel ehret,
Den holden Blick, an goldnen Hauptes Beugen,
An Antlitz, an der Engelstimme Neigen,
Die Luft mir gab, nun Gram im Herzen nähret;

Dann wundr' ich mich, wie noch mein Leben währet;
Noch wär's, wenn sie, der Reiz und Tugend eigen,
(Was mehr, nicht weiß ich's) bey Aurorens Steigen
So schnell zu meiner Rettung nicht gekehret.

O freundlicher Empfang! o fromme Pflege!
Wie hört und merkt sie achtsam, voll Verlangen
Die lange Kunde meiner Leidenswege!

Wenn lichter Tag dann plötzlich aufgegangen,
Kehrt sie zum Himmel, kundig aller Stege,
Thränen in Augen und auf beyden Wangen.

Zweyhundert neun und neunzigstes Sonett

Vielleicht war vormahls süß der Liebe Leben, –
Wann, weiß ich nicht –; in Herb' ist's nun verkehret.
Nur wer es lernt, das Wahre recht erfähret,
Wie sich mit mir zu meinem Leid begeben.

Sie, unsrer Zeit vordem zum Schmuck gegeben,
Dem Himmel nun, den ganz sie ziert und kläret,
Hat sonst mir kurz' und seltne Ruh bescheret,
Läßt nun in Unruh fort und fort mich weben.

Grausam hat Tod mir all' mein Glück entrungen,
Und keinen Trost kann meinem Trübsal bringen
Das Heil, zu dem ihr freyer Geist gedrungen.

Ich weint' und sang, und kann nichts Neues singen;
Doch Tag und Nacht lass' ich von Aug' und Zungen
Der Seele Schmerz hinströmen und erklingen.

81

Dreyhundertstes Sonett

Auf falschen Weg trieb Lieb' und Schmerzens Walten
Jüngst meine Zunge, ausgelernt in Klagen,
Von ihr, für die ich glüht' und sang, zu sagen,
Das, wär' es wahr, für Unrecht wär' zu halten.

Wohl sollte Lind'rung meinem Weh' entfalten
Die Selige, das Herz nicht mehr verzagen,
Seit Wohnung sie bey Jenem aufgeschlagen,
Den lebend sie im Herzen stets gehalten.

Auch zag' ich nicht, und lindernd fühl' ich's weben,
Und will sie mehr nicht sehn in dieser Hölle,
Vielmehr allein will sterben ich und leben.

Denn schön, wie nie, mit innern Blickes Helle
Seh' ich mit Engeln sie im Fluge schweben,
An ihr' und meines ew'gen Herren Schwelle.

Dreihundert und erstes Sonett

Erwählte Engel, sel'ge Bürgerinnen
Des Himmels standen um die Herrinn droben,
Am ersten Tage, wo sie ging nach oben,
Voll von Bewunderung und Ehrfurcht innen.

»Welch' Licht ist dies? Welch' neuer Reiz?« beginnen
Sie unter sich; »Warum so reich gewoben
Ward nie ein Geist in all' der Zeit erhoben
Aus irrer Welt zu unsrer Heimath Zinnen?« –

Sie, froh, daß solcher Wechsel sie beglücke,
Vergleichet sich nur mit dem beßten Theile,
Und wendet sich von Zeit zu Zeit zurücke,

Ob ich ihr folg', und harret eine Weile.
Drum richt' ich auf zum Himmel Wünsch' und Blicke;
Denn sie nur hör' ich, wie sie fleht um Eile.

Dreyhundert und zweytes Sonett

Herrinn, du, unserm Urquell angeschlossen
In Lust, wie's ziemet deinem frommen Sinnen,
Erhöht zu glorreich lichten Thrones Zinnen
Von bess'rem Schmuck, als Purpur, Perl', umflossen,

O Frauenwunder, hehr, ohne Genossen,
In seinem Blick, dem nichts da kann entrinnen,
Siehst meine Treue du, mein reines Minnen,
Um das ich Tint' und Thränen viel vergossen;

Und merkst, daß gegen dich mein Herz auf Erden,
Wie jetzt im Himmel; daß ich nie begehrte
Andres von dir, als deiner Augen Sonnen.

Zu enden drum des langen Kriegs Beschwerden,
Drob hinnen ich allein nach dir mich kehrte,
Fleh', daß bald Theil ich hab' an euren Wonnen.

Dreyhundert und drittes Sonett

Von schönsten Augen und von hellsten Wangen,
Die je geschimmert, von den schönsten Flechten,
Die um den Glanz wohl Gold und Sonne brächten,
Von süßem Lächeln, Worten süß empfangen,

Von Hand und Arm, so regungslos gefangen
Hätten, die muthigst gegen Amor fechten,
Von schönstem Fuß und Wesen, unsern Nächten
Aus Paradieseslicht hervorgegangen,

Kam Leben meinem Geist; deß hat nun Freude
Mit seiner Bothen Schar der Fürst der Höhe,
Und ich bin blind und nackend hier geblieben.

Nur Einen Trost erharr' ich meinem Leide,
Daß sie, die all mein Denken sieht, erflehe
Die Gnade mir, bey ihr zu wohnen drüben.

83

Dreyhundert und viertes Sonett

Den Bothen meyn' ich stündlich zu erkunden,
Den mir die Herrinn, mich zu rufen, sendet;
So bin ich inn- und außen umgewendet,
Und in nicht vielen Jahren so geschwunden,

Daß ich mich selber wieder kaum gefunden;
Ganz anderm Leben hab' ich mich verpfändet.
Zufrieden wär' ich, wüßt' ich, wann es endet;
Doch sollten nah wohl seyn die letzten Stunden.

O sel'ger Tag, wann, frey der Erdenbande,
Ich sinken lasse flatternd und zerrissen
Mein schwer-hinfälliges Gewand von Erde,

Und, scheidend aus so dichten Finsternissen,
So hoch ich fliege nach dem heitern Lande,
Daß ich so Herrn als Herrinn inne werde.

Dreyhundert und fünftes Sonett

Die heil'ge Luft, sie kommt so oft, zu weben
Um meine Ruhestatt, daß ich es wage,
Zu nennen ihr, was ich einst trug und trage,
Was, weil sie lebte, nimmer sich begeben.

Vom Liebesblick dann pfleg' ich anzuheben,
Der Anfang war von also langer Plage;
Dann, wie mir, arm und froh, von Tag' zu Tage,
Von Stund' zu Stunde Amor zehrt' am Leben.

Sie schweiget, und, von Mitleid tief durchdrungen,
Erseufzet sie, das Aug' auf mich gesenket,
Und ziert mit frommen Thränen ihre Blicke;

Und meine Seele dann, von Schmerz bezwungen,
Indem sie weinend sich darüber kränket,
Kehrt, frey vom Schlafe, zu sich selbst zurücke.

Dreyhundert und sechstes Sonett

Mir ist ein jeder Tag gleich tausend Jahren,
Seit ich ihr folge, die mich treulich leitet,
Die mich zur Welt geführt und nun geleitet
Auf besserm Pfad zum Leben sonder Fahren.

Nicht hält der Erde Trug mich von dem Wahren
Zurück; und kenn' ihn, und vom Himmel gleitet
Solch Licht in's Herz mir, daß ich, vorbereitet,
Die Zeit berechn' und was ich Leids erfahren.

Nicht darf des Todes Drohungen ich scheuen,
Den größ'rer Schmach der Herr einst übernommen,
Zum Folgen Muth und Kraft mir zu verleihen.

Und jüngst ist er in jede Ader kommen
Von ihr, mit der mein Loos mich wollt' erfreuen.
Und trübte nicht die heitre Stirn der Frommen.

Dreyhundert und siebentes Sonett

Nicht konnte süßen Blick der Tod verherben;
Doch kann den Tod ein süßer Blick versüßen.
Was brauch' ich Andr' um Führung zu begrüßen?
Sie führt mich, die, was gut, mich lehrt' erwerben;

Und *Er,* der freudig gab sein Blut im Sterben,
Der Hölle Pforten brach mit seinen Füßen,
Scheint Trost in seinem Tod mir zu erschließen;
Drum komm', o Tod! Mit Freuden will ich sterben!

Und zögre nicht; denn Zeit wohl ist es eben;
Und wär' es nicht, war's Zeit in jener Weile,
Als meine Herrinn dannen sich gewendet.

Seitdem war ich nicht einen Tag am Leben;
Mir ward Ein Pfad, Ein Ziel mit ihr zu Theile,
Mit ihrem Fuß' hab' ich den Lauf geendet.   85

Dreyhundert und achtes Sonett

Oft sagt mein treuer Spiegel mir, daneben
Die andre Haut, der Geist, dem nichts gelinget,
Kraft und Gewandtheit, die vergebens ringet:
»Birg dir es nicht, du bist doch alt nun eben!

Das Beßt' ist stets, sich der Natur ergeben,
Da uns die Zeit um Kraft zu kämpfen bringet.« –
Dann schnell, wie Wasserstrom die Gluth bezwinget,
Erwach' aus langem Schlaf' ich neu zum Leben,

Und seh', wie unsre Tag' im Flug entwallen,
Wie einmahl nur das Leben wird gefunden;
Und hör' ein Wörtlein drinnen mir erschallen

Von ihr, die schönen Knotens nun entbunden,
Doch hier vordem so einzig war vor Allen,
Daß Allen, denk' ich, sie den Ruhm entwunden.

Dreyhundert und neuntes Sonett

Beschwingt trägt mich der Geist zu Himmelszinnen
So oft, als wär' von denen ich, die droben
Zu ihrem theuren Horte sich erhoben;
Zersprengten Schleyer lass ich erdwärts rinnen.

Von süßem Frost dann bebt das Herz mir innen,
Hör' ich sie sprechen, weil mich Bläss' umwoben:
»Mein Freund, jetzt muß ich lieben dich und loben,
Weil du dein Haar gewandelt und dein Sinnen.«

Sie führt zu ihrem Herrn mich. Da mit Neigen
Fleh' ich demüthiglich, mir zu gewähren,
Daß ich ihr Antlitz schaue und das seine.

Drauf Er: Dein Schicksal, nimmer ist's zu beugen;
Und sollt' es zwanzig, dreyßig Jahr' noch währen;
Scheint dir's zu viel, doch ist die Frist nur kleine.

Dreyhundert und zehntes Sonett

Tod hat verlöscht die Sonne, die mich blendet;
Die starken Augen sind von Nacht umhangen;
Staub ist, von der ich Frost und Wärm' empfangen;
Statt Lorbeer Ulm' und Eiche mir gespendet.

Zu Glück und Leid mir hat sich's so gewendet;
Nicht ist, der Muth mir senk' in's Herz und Bangen,
Nicht, der mit Eis und Gluth es könnt' umfangen,
Nicht, der wie sonst mir Schmerz und Hoffnung sendet.

Der Hand entrücket deß, der heilt und kränket,
Der mir gebracht so langen Jammers Schwere,
Seh' ich mir Freyheit, bitter-süß, geschenket;

Und auf zum Herrn, den dankbar ich verehre,
Der mit den Brau'n die Himmel trägt und lenket,
Vom Leben müde, doch nicht satt, ich kehre.

Dreyhundert und eilftes Sonett

Amor ließ ein und zwanzig Jahr' mich liegen
In Gluth, deß froh, und hoffend im Entbehren:
Zehn andere der Jahre dann in Zähren,
Seit himmelwärts Sie und mein Herz gestiegen.

Nun matt, muß ich des Lebens Täuschung rügen,
Die meiner Tugend Keim sollte zerstören,
Und weih' hinfort, o Gott, nur deiner Ehren
Der Tage Rest mit fromm-ergeb'nem Fügen,

Reuig ob meiner Jahre leer Vergeuden,
Die ich verwenden sollt' auf bess'res Streben,
Frieden zu suchen, Schmerzen zu vermeiden.

Herr, der du diesem Kerker mich gegeben,
Entnimm mich ihm, sicher vor ew'gen Leiden;
Wohl kenn' ich und entschuld'ge nicht mein Leben. 87

Dreyhundert und zwölftes Sonett

Ich geh' und weine den vergangnen Tagen,
Die ich verbracht, hangend an ird'schen Dingen,
Nicht strebend auf im Flug, obwohl ich Schwingen,
Vielleicht zu schönem Beyspiel, konnte schlagen.

Du kannst mein schweres, unverdientes Plagen,
Unsichtbar-ew'ger Himmelsfürst, durchdringen;
Komm, Schutz dem irren, schwachen Geist zu bringen,
Und gnädig, was ihm fehlt, zu übertragen!

Daß, wenn im Leben Krieg und Sturm ich sahe,
Ich friedlich sterb' im Port, und, war mein Stehen
Eitel, ich schönen Hingang doch empfahe.

Den wenig Tagen, so mir noch ersehen,
Sey deine Hand und meinem Tode nahe!
Du weißt, auf dich nur will mein Hoffen stehen.

Dreyhundert und dreyzehntes Sonett

Die süßen Härten, sanften Weigerungen,
Voll keuscher Liebe, voll von Huld und Güte;
Der milde Zorn, der mein entflammt Gemüthe,
Den Thorenwahn (jetzt seh' ich's ein) bezwungen;

Adlige Red', in welcher hell, verschlungen
Mit höchster Anmuth, höchste Zucht erglühte;
Der Schönheit Bronnen und der Tugend Blüthe,
Die allem niedern Seyn mein Herz entrungen;

Der Himmelsblick, der Seligkeit bescheeret,
Jetzt streng und stolz den Geist regiert und zügelt,
Will er nach ungerechten Dingen streben,

Zum Trost' in meinen Nöthen jetzt beflügelt; –
Der schöne Wechsel war von sel'gem Leben
Die Wurzel mir, deß sonst ich hätt' entbehret.

88

Dreyhundert und vierzehntes Sonett

Beglückter Geist, der du ihr Aug' gelehret,
In sonn'ger Klarheit sich so sanft zu regen,
Und Seufzer gabst und ew'ger Worte Segen,
Die mein Gemüth noch immer tönen höret,

Einst sah ich dich von frommer Gluth verkläret,
Durch Gras und Veilchen Jener Fuß bewegen,
Nicht Frauen gleich, nein, wie die Engel pflegen,
Jener, die nah mir jetzt, wie niemahls kehret;

Die, als du gingst zu deinem Schöpfer hinnen,
Du nieden ließest nebst dem holden Schleyer,
Den hohe Fügung dir verliehn auf Erden.

Du schiedest aus der Welt, mit dir so Minnen
Als Huld; vom Himmel fiel der Sonne Feuer,
Und süß begann das Sterben da zu werden.

Dreyhundert und fünfzehntes Sonett

Ach, deine Hand dem müden Geiste reiche,
Amor und meinem Kiel, dem schwachen, bangen,
Von ihr zu sagen, die empor gegangen,
Unsterblich, Bürgerinn im Himmelreiche!

Gib, daß mein Wort, o Herr, sein Ziel erreiche,
Wohin es durch sich selbst nicht kann gelangen,
Dieweil die Welt, nicht werth, sie zu umfangen,
Nichts hat, was ihr an Reiz und Tugend gleiche!

Drauf Er: »Was wir, ich und der Himmel, können,
Und guter Rath und frommen Umgangs Freuden,
Das war in ihr; nun läßt's der Tod entbehren.

Keine Gestalt war je ihr gleich zu nennen
Seit Adams Ersterwachen. – G'nug vor'm Scheiden!
Mit Zähren sag' ich's, und du schreibst's mit Zähren.«   89

Dreyhundert und sechszehntes Sonett

Lieb' Vögelein, von Sanges Lust getragen,
Oder beweinend die vergangnen Zeiten,
Siehest du Nacht und Winter dir zur Seiten,
Im Rücken Tag' und Monden voll Behagen,

Wenn, wie du kennst des eignen Kummers Plagen,
Du so mein gleiches Seyn wüßtest zu deuten,
Dem Armen würdest in den Schooß du gleiten,
Mit ihm zu theilen seine bangen Klagen.

Ich weiß nicht, ob die Theile gleich sich paaren;
Denn, die du klagst, lebt noch vielleicht; dagegen
Das Meine Tod und Himmel karg verwahren.

Doch Zeit und minder frohe Stund' erregen
Mir durch das Bild von süß' und herben Jahren
Die Lust, mit dir leidvoll Gespräch zu pflegen.   90

Biographie

1304   *20. Juli:* Francesco Petrarca wird in Arezzo als Sohn
eines Notars geboren. Der eigentliche Name, aus dem
sich Petrarca entwickelt, ist Petracco, eine Koseform
des Familiennamens Pietro.
In den ersten acht Jahren seines Lebens wohnt seine
Familie in der Toscana.

1311   Sein Vater ist 1302 zusammen mit Dante aus Florenz
verbannt worden und lebt später in Avignon. Dorthin
übersiedelt auch Petrarca, um Jura zu studieren. In
Montpellier lernt Petrarca die Kunst der Troubadoure
kennen.
Der Junge Petrarca bekommt Unterricht in Grammatik,
Rhetorik und Dialektik.

1326   Nach dem Tod seines Vaters kehrt Petrarca, der in
Bologna Rechtswissenschaft studiert hat, nach Avignon
zurück, wo er in den Dienst der Kirche eintritt.

1327   In Avignon lernt er in einer Kirche am Karfreitag die
Dame Laura de Sade kennen, die Gattin des Hugo de
Sade. Ihr widmet er sein berühmtes Werk, die »Canzo-
niere«, eine Gedichtsammlung, in der er seine unerfüllte
Liebe zu ihr besingt.

1330–47 Er reist in diesen Jahren im Dienst des Kardinals von
Colonna nach Frankreich, in die Niederlande, nach
Deutschland und Italien. Hier lernt er seinen späteren
Schüler Boccaccio sowie Cola di Rienzo kennen.

1336–69 Die Sammlung in italienischer Sprache verfaßter Ge-
dichte, »Rime in vita e morta di Madonna Laura«,
entsteht wahrscheinlich zwischen diesen Jahren (erschie-
nen 1470) und ist bekannter unter dem Titel »Canzo-
niere«. Die Gedichtsammlung besteht aus 317 Sonetten,
29 Canzonen, 9 Sestinen, 7 Balladen und 4 Madrigalen.
Mit dieser Form der Liebesdichtung übt Petrarca so
großen Einfluß auf die europäische Dichtung des Mit-
telalters aus, daß eine neue Stilform, die den Minnesang
ablöst, nach ihm benannt wird: der Petrarkismus.

1337	Er zieht sich nach Vaucluse zurück, um in Abgeschiedenheit seiner literarischen Tätigkeit nachzugehen.
1338–43	Zwischen diesen Jahren entsteht das lateinische Werk »Africa«, ein Heldenepos über den römischen Eroberer Scipio Africanus den Älteren.
1338–53	Das Prosawerk »De viris illustribus« entsteht in dieser Zeit, eine Sammlung von Biographien berühmter Männer, die in der Geschichte Roms eine entscheidende Rolle spielen.
1341	Sein Ruhm als Dichter wird so groß, daß man die altrömische Tradition der Krönung des Poeta Laureatus wieder einführt, um Petrarca in Rom zu ehren.
1342–43	Arbeit an »De secreto conflictu curarum mearum«.
1346–48	Arbeit an »Bucolicum Carmen«.
1346–56	Arbeit an »De vita solitaria«.
1347	»De otio religiosorum«.
1348	Laura de Sade stirbt an der Pest.
1349	Beginn der Arbeit an »Epistolae«.
1350	In Florenz trifft er den Dichter Giovanni Boccaccio, mit dem er zuvor bereits korrespondiert hat. Beide Dichter machen sich um die Wiederentdeckung des klassischen Altertums verdient, wobei sie die Lehren der mittelalterlichen Scholastik zurückweisen und den engen Zusammenhang von heidnischer und christlicher Schöpferkraft hervorheben.
1353	Er geht nach Mailand, um dort seine diplomatischen Fähigkeiten in den Dienst der Visconti zu stellen.
1356	Gesandter bei Kaiser Karl IV. in Prag.
1362	Petrarca geht nach Venedig. Beginn der Arbeit an »Trionfi«.
1366	»De remedius utriusque fortunae«.
1367	»De sui ipsius et multorum ignorantia«.
1368	Er geht nach Arqua.
1370	»De studiorum suorum successibus ad posteritatem epistola« erscheint.
1374	*19. Juli:* Petrarca stirbt in Arqua bei Padua, Italien.

Erzählungen der Frühromantik

1799 schreibt Novalis seinen Heinrich von Ofterdingen und schafft mit der blauen Blume, nach der der Jüngling sich sehnt, das Symbol einer der wirkungsmächtigsten Epochen unseres Kulturkreises. Ricarda Huch wird dazu viel später bemerken: »Die blaue Blume ist aber das, was jeder sucht, ohne es selbst zu wissen, nenne man es nun Gott, Ewigkeit oder Liebe.«

Tieck Peter Lebrecht **Günderrode** Geschichte eines Braminen **Novalis** Heinrich von Ofterdingen **Schlegel** Lucinde **Jean Paul** Des Luftschiffers Giannozzo Seebuch **Novalis** Die Lehrlinge zu Sais
ISBN 978-3-8430-1878-4, 416 Seiten, 29,80 €

Erzählungen der Hochromantik

Zwischen 1804 und 1815 ist Heidelberg das intellektuelle Zentrum einer Bewegung, die sich von dort aus in der Welt verbreitet. Individuelles Erleben von Idylle und Harmonie, die Innerlichkeit der Seele sind die zentralen Themen der Hochromantik als Gegenbewegung zur von der Antike inspirierten Klassik und der vernunftgetriebenen Aufklärung.

Chamisso Adelberts Fabel **Jean Paul** Des Feldpredigers Schmelzle Reise nach Flätz **Brentano** Aus der Chronika eines fahrenden Schülers **Motte Fouqué** Undine **Arnim** Isabella von Ägypten **Chamisso** Peter Schlemihls wundersame Geschichte **Hoffmann** Der Sandmann **Hoffmann** Der goldne Topf
ISBN 978-3-8430-1879-1, 408 Seiten, 29,80 €

Erzählungen der Spätromantik

Im nach dem Wiener Kongress neugeordneten Europa entsteht seit 1815 große Literatur der Sehnsucht und der Melancholie. Die Schattenseiten der menschlichen Seele, Leidenschaft und die Hinwendung zum Religiösen sind die Themen der Spätromantik.

Brentano Die drei Nüsse **Brentano** Geschichte vom braven Kasperl und dem schönen Annerl **Hoffmann** Das steinerne Herz **Eichendorff** Das Marmorbild **Arnim** Die Majoratsherren **Hoffmann** Das Fräulein von Scuderi **Tieck** Die Gemälde **Hauff** Phantasien im Bremer Ratskeller **Hauff** Jud Süss **Eichendorff** Viel Lärmen um Nichts **Eichendorff** Die Glücksritter
ISBN 978-3-8430-1880-7, 440 Seiten, 29,80 €

Dekadente Erzählungen

Im kulturellen Verfall des Fin de siècle wendet sich die Dekadenz ab von der Natur und dem realen Leben, hin zu raffinierten ästhetischen Empfindungen zwischen ausschweifender Lebenslust und fatalem Überdruss. Gegen Moral und Bürgertum frönt sie mit überfeinen Sinnen einem subtilen Schönheitskult, der die Kunst nichts anderem als ihr selbst verpflichtet sieht.

Rainer Maria Rilke Die Aufzeichnungen des Malte Laurids Brigge **Joris-Karl Huysmans** Gegen den Strich **Hermann Bahr** Die gute Schule **Hugo von Hofmannsthal** Das Märchen der 672. Nacht **Rainer Maria Rilke** Die Weise von Liebe und Tod des Cornets Christoph Rilke

ISBN 978-3-8430-1881-4, 412 Seiten, 29,80 €

Erzählungen aus dem Sturm und Drang

Zwischen 1765 und 1785 geht ein Ruck durch die deutsche Literatur. Sehr junge Autoren lehnen sich auf gegen den belehrenden Charakter der - die damalige Geisteskultur beherrschenden - Aufklärung. Mit Fantasie und Gemütskraft stürmen und drängen sie gegen die Moralvorstellungen des Feudalsystems, setzen Gefühl vor Verstand und fordern die Selbstständigkeit des Originalgenies.

Jakob Michael Reinhold Lenz Zerbin oder Die neuere Philosophie **Johann Karl Wezel** Silvans Bibliothek oder die gelehrten Abenteuer **Karl Philipp Moritz** Andreas Hartknopf. Eine Allegorie **Friedrich Schiller** Der Geisterseher **Johann Wolfgang Goethe** Die Leiden des jungen Werther **Friedrich Maximilian Klinger** Fausts Leben, Taten und Höllenfahrt

ISBN 978-3-8430-1882-1, 476 Seiten, 29,80 €

Erzählungen aus dem Sturm und Drang II

Johann Karl Wezel Kakerlak oder die Geschichte eines Rosenkreuzers **Gottfried August Bürger** Münchhausen **Friedrich Schiller** Der Verbrecher aus verlorener Ehre **Karl Philipp Moritz** Andreas Hartknopfs Predigerjahre **Jakob Michael Reinhold Lenz** Der Waldbruder **Friedrich Maximilian Klinger** Geschichte eines Teutschen der neusten Zeit

ISBN 978-3-8430-1883-8, 436 Seiten, 29,80 €